W0187573

Der Rennsteig bei der Hubertusbaude (S. 78)

Hohe Sonne · · 5 km
Vachaer Stein 12 km

RENNSTEIG

Band 113

OutdoorHandbuch

Dr. Sven M. Deutschmann

Thüringen:
Rennsteig

DER WEG IST DAS ZIEL

Alle Informationen, schriftlich und zeichnerisch,
wurden nach bestem Wissen zusammengestellt und überprüft.
Sie waren korrekt zum Zeitpunkt der Recherche.
Eine Garantie für den Inhalt, z.B. die immerwährende Richtigkeit
von Preisen, Adressen, Telefon/Faxnummern
sowie Internet-Adressen, Zeit- und sonstigen Angaben
kann naturgemäß von Verlag und Autor,
auch im Sinne der Produkthaftung, nicht übernommen werden.

Der Autor und der Verlag sind für Lesertips und Verbesserungen
(besonders als E-Mail oder auf Diskette)
unter Angabe der Auflagen- und Seitennummer dankbar.

Leser, deren Einsendung verwertet wird,
werden in der nächsten Ausgabe genannt
und erhalten als Dank ein Exemplar der neuen Auflage
oder ein anderes Buch ihrer Wahl aus dem Programm des Verlags.

Titelfoto: Wegmarkierung mit dem "Rennsteig-Wegweiser"

updates Verlagsprogramm Schnäppchen

http://outdoor.tng.de

THÜRINGEN: RENNSTEIG

OutdoorHandbuch aus der Reihe Der Weg ist das Ziel, Band 113

ISBN 3-89392-513-9   1. Auflage 2002

Dieses OutdoorHandbuch wurde konzipiert und redaktionell erstellt vom
Conrad Stein Verlag, In der Mühle, 25821 Struckum
☎ 04671/931314, FAX 04671/931315
✎ <outdoor@tng.de> 💻 <http://outdoor.tng.de>
für die OutdoorHandbuch Stein KG, Struckum.

Unsere Bücher sind überall im wohlsortierten Buchhandel und in cleveren
Outdoorshops in Deutschland, Österreich und der Schweiz erhältlich.
Auslieferung für den Buchhandel:
Ⓓ Prolit, Fernwald und alle Barsortimente,
Ⓐ freytag & berndt, Wien,
ⒸⒽ AVA-buch 2000, Affoltern und Schweizer Buchzentrum.

Text: Dr. Sven M. Deutschmann
Fotos: Dr. Sven M. Deutschmann, Conrad Stein, Marie-Luise Tolkmit
Lektorat: Kerstin Wiencke, Conrad Stein, Marie-Luise Tolkmit
Karten: Heide Schwinn
Gesamtherstellung: Breklumer Druckerei, 25821 Breklum

Dieses OutdoorHandbuch hat 123 Seiten mit 13 farbigen und 35 s/w
Abbildungen sowie 7 Kartenskizzen und 6 Höhenprofilen.
Es wurde auf chlorfrei gebleichtem Papier gedruckt und der größeren
Strapazierfähigkeit wegen fadengeheftet.

009900

INHALT

Die Rennsteigwanderung von Hörschel nach Blankenstein 70

Index 120

Der Rennsteig bei km 142,3

ÜBER DEN AUTOR

Dr. Sven M. Deutschmann lebt in Oberbayern und ist seit seiner Kindheit in den Bergen unterwegs. Seit mehreren Jahren unternimmt er mehrwöchige Trekkingtouren in aller Welt. Im Conrad Stein Verlag sind von ihm bisher erschienen: "Spanien: Sierra Nevada" und "Frankreich: GR 5 Genfer See - Nizza" sowie "Ausrüstung 1 - von Kopf bis Fuß" und "Ausrüstung 2 - für Camp und Küche".

SYMBOLE

✖	Abstecher, Kreuzung	▫	Internetadresse
✋	Achtung, Vorsicht	🏠	Jugendherberge
🚗	Auto, Taxi	☁	Klima, Wetter
🏠	Aussichtspunkt	✚	Medizinische Versorgung
🚌	Bahn	⌘	Museum
BANK	Bank	◉	Nationalpark
📖	Buchtip, Kartentip	🕐	Öffnungszeiten
🚌	Bus	P	Parkplatz
☕	Café	✉	Post
✉	Email	✉	Postleitzahl
⇔	Entfernung zum Rennsteig	🏠	Rennsteigbaude
FAX	Fax	⇨	Rennsteigkilometer
📱	Handy	✖	Restaurant
⇧	Höhe	⌂	Schutzhütte
⇗	Höhenmeter im Aufstieg	☞	siehe...
⇘	Höhenmeter im Abstieg	☎	Telefon
🛏	Hotel, Pension	☺	Tip
⌘	Museum, Ausstellung	☹	Ärgernis
ℹ	Fremdenverkehrsinformation		

EINLEITUNG

Welcher Wanderer hat nicht schon vom Rennsteig, dem ältesten und wahrscheinlich auch bekanntesten deutschen Höhenfernwanderweg, der über die Höhen des Thüringer Waldes, durch das Thüringer Schiefergebirge und den nördlichen Teil des Frankenwalds führt, gehört? Er beginnt am Mittellauf der Werra in der Ortschaft Hörschel und endet nach 168,3 km - im Landkreis Kronach wird dabei auf einer Strecke von ca. 14 km auch bayrisches Landesgebiet berührt - in der Ortschaft Blankenstein am Oberlauf der Saale.

Bereits 1830 wurde die Strecke zwischen Blankenburg und Hörschel von Julius von Plänckner "erstbegangen" und beschrieben. Seitdem erfreut sich der Rennsteig wachsender Beliebtheit.

Was macht aber letztlich den Reiz einer "Runst", einer kompletten Bewanderung des Rennsteigs aus? Victor von Scheffel charakterisierte den Rennsteig 1863 folgendermaßen:

"Auf Bergesscheiteln läuft ein alt Geleise
oft vom Farnkrautüberschwang;

...

Ein deutscher Bergpfad ist's! Die Städte flieht er
und keucht zum Kamm des Waldgebirgs hinauf,
durch Laubgehölz und Tannendunkel zieht er
und birgt im Dickicht seinen scheuen Lauf

...

Der Rennsteig ist's: die alte Länderscheide,
die von der Werra bis zur Saale rennt

..."

(Victor von Scheffel, 1863)

Die Zitate des Gedichts zeigen die zwei wichtigsten Merkmale des Rennsteigs auf: zum einen erlaubt es der Rennsteig auch heute noch, größtenteils abseits von asphaltierten Straßen, ein deutsches Mittelgebirge auf seiner gesamten Länge zu überqueren, zum anderen bietet der Rennsteig, der ein jahrhundertealter Grenzweg ist, die Gelegenheit, in die deutsche Geschichte einzutauchen.

Das vorliegende OutdoorHandbuch ist daher nicht nur eine reine Streckenbeschreibung, sondern ermöglicht auch gleichzeitig in die Rennsteig-Historie einzutauchen.

Die große Beliebtheit des Rennsteigs wird weiterhin dadurch gefördert, daß er in beliebig viele Etappen unterteilt werden kann. Wer es sich zutraut, kann seine Runst in fünf Tagen absolvieren, jede Tagesetappe ist dann ungefähr 35 km lang. Ausgehend von dieser etwas sportlicheren Aufteilung ermöglicht es die Infrastruktur aber auch, die Runst auf sechs, acht oder zehn Etappen zu verteilen. All diese Varianten sind in dem vorliegenden OutdoorHandbuch beschrieben.

Ich hoffe, Ihnen alle erforderlichen Informationen an die Hand zu geben, damit die Runst zu einem Erlebnis wird und wünsche gleichzeitig viel Spaß beim Eintauchen in die deutsche Geschichte. Mit dem Gruß der Renner - der Rennsteigwanderer - wünsche ich eine schöne Zeit auf dem Rennsteig...

Gut Runst!

Dr. Sven M. Deutschmann   Weilheim / Obb. im März 2002

Der Rennsteig hinter dem Großen Beerberg (S. 95)

Der Rennsteig

Geschichte und Rennsteigchronik

Der Rennsteig ist nicht nur der vermutlich bekannteste Höhenfernwanderweg Deutschlands, sondern er ist gleichzeitig als jahrhundertealter Grenzweg auch sehr eng mit der deutschen Geschichte verbunden. Aus diesem Grund gebe ich mit einer Chronik einen Überblick über die Geschichte des Rennsteigs.

12.000-10.000 v.Chr. Bereits in der Altsteinzeit gibt es in Thüringen menschliche Siedlungen. Diese lagen aber immer in den Niederungen und nie in den Höhenlagen des heutigen Thüringer Waldes.

Mitte 2. Jahrtausend v.Chr. Von der Rhön aus dringt die Hügelgräberkultur nach Norden in den Thüringer Wald vor. Aus dieser Zeit zeugen die nach wie vor sichtbaren Grabhügel in den Wäldern bei Grub, Schwarza, Dietzhausen und Kühndorf.

11. Jh. v.Chr. Im Werratal und im nordöstlichen Thüringen erscheint zwischen Arnstadt und Saalfeld die Urnenfelderkultur. Durch die Höhe des Thüringer Waldes bleiben die beiden Kulturen allerdings räumlich getrennt.

6. Jh. v.Chr. In den mittleren Höhenlagen des Thüringer Waldes beginnt allmählich die Besiedlung. Die unterfränkische Gruppe der nordalpinen Hallstattkultur der älteren vorrömischen Eisenzeit überwindet bereits die Höhenlagen des Gebirges. Diese Kultur hinterläßt Grabhügel zwischen Meiningen und Hildburghausen.

5. Jh. v.Chr. Von Südosteuropa aus dringen Kelten der La-Tène-Kultur nach Thüringen vor und errichten Fernhandelsstraßen auf dem Kamm des Thüringer Waldes. Die bekannteste Handelsstraße führte von Steinsburg bei Römhild über Henfstädt, Suhl, Oberhof und Crawinkel nach Arnstadt.

Um Chr. Geburt Um die Zeitenwende siedeln sich germanische Siedler in Nordthüringen an.

2 Jh. n.Chr. Die germanischen Siedler dringen bis in das Werratal vor. In dieser Zeit kommt es zu Kontakten mit dem Römischen Reich, was durch römische Münz- und Gefäßfunde in Südthüringen belegt ist.

2.-5. Jh. n.Chr. Die Besiedlung des Thüringer Waldes nimmt stetig zu.

531 n.Chr. Das Thüringische Königreich wird durch die Franken zerschlagen und dem Frankenreich einverleibt. Die Besiedlung der Höhenlagen nimmt weiter zu.

Vor allem Benediktiner-, Praemonstratenser- und Zisterziensermönche errichten dort Klöster, bei denen sich später Siedlungen und Dörfer entwickeln.

843 n.Chr. Das Frankenreich wird zerschlagen und das Deutsche Reich bildet sich heraus. Thüringen stellt die Ostgrenze des Deutschen Reichs dar.

9. Jh. n.Chr. Erste Urkunden beschreiben die Kammlinie als Wildbahn- und Markgrenze.

10.-13. Jh. n.Chr. In den Urkunden zur Gründung der Klöster Reinhardsbrunn (1039) und Georgenthal (1270) wird eine "platea" (eine Straße) erwähnt, die der Kammlinie im nordwestlichen Teil des Thüringer Waldes folgt. In dieser Zeit werden auch in den Hochlagen des Thüringer Waldes große Areale gerodet, um Dörfern und Siedlungen Platz zu machen.

10.8.1330 Der Rennsteig wird erstmalig als "Rynnstig" im sogenannten "Frankensteiner Kaufvertrag", einer in Schmalkalden erstellten und unterschriebenen Urkunde, erwähnt. Mit diesem Kaufvertrag traten die Herren von Frankenstein ihre Lehen vom Kloster Hersfeld an den Grafen Berthold von Henneberg ab. Der "Rynnstig" dient in diesem Vertrag zweimal als Grenzpunkt-Beschreibung für die Linie Kissel, Inselsberg und Großer Jagdberg. Der Begriff "Rynnstig" könnte in dieser Urkunde zwei Bedeutungen haben. Im Mittelhochdeutsch, das zu damaliger Zeit gesprochen wurde, hat "rinnen" die Bedeutung von "laufen, rennen" und "stîg, steig" die Bedeutung von "ansteigender Pfad". Ein als "Rynnstig" bezeichneter Pfad wäre demnach ein ansteigender Pfad in einem Gebirgszug, auf dem man sich schnell fortbewegen kann. Wird der erste Teil des Wortes hingegen von "rain" abgeleitet, was "Grenze" bedeutet, so ist ein "rynnestig" ein ansteigender Pfad in einem Gebirgszug, der als Grenze fungiert.

1513 Der älteste Grenzstein des Rennsteigs, der Kurfürstenstein, wird gesetzt.

1578 Der heute bekannte Begriff "Rennsteig" wird erstmals verwendet; allerdings nur für ein Teilstück des heutigen Rennsteigs.

1589 In einer handgezeichneten Karte der Herrschaft Schmalkalden wird die Grenze der Zent Botterode als "Renstick" bezeichnet.

1597 In einem geheimgehaltenen schwarzburgischen Bericht wird ein Höhenweg erwähnt, der aus Hessen kommend über den Kamm des Thüringer Waldes und des Frankenwaldes bis nach Böhmen führt.

1618-1648 Im Dreißigjährigen Krieg ziehen mehrfach Heere über die gut ausgebauten Heer- und Handelsstraßen des Thüringer Waldes.

Sept./Okt. 1631 Der Rennsteig wird zwischen Ilmenau und Schleusingen zweimal vom Schwedenkönig Gustav Adolf überquert.

Nach 1648 Aufgrund der Aufteilung des Landes in zahllose kleine Fürstentümer nach dem Dreißigjährigen Krieg wird der Rennsteig in vielen Urkunden als Grenze erwähnt. Als Resultat dieser Aktivitäten konnten im 20. Jahrhundert noch mehr als 1.300 Grenzsteine gezählt werden. Der älteste ist von 1513 (s.o.) und die jüngsten aus dem 20. Jahrhundert.
    Trafen drei Fürstentümer aufeinander wurden sogenannte "Dreiherrensteine" gesetzt. Heute sind noch 13 dieser Dreiherrensteine auf dem Rennsteig zu finden. Zu den Hochzeiten der Zersplitterung gab es sogar "Vierherrensteine" von denen heutzutage allerdings keiner mehr existiert.

1649 Ernst der Fromme (Herzog von Sachsen-Gotha-Altenburg) beginnt im Forst von Frauensee im Werratal mit der Rennsteigforschung.

1654 Ernst der Fromme erteilt seinen Forstleuten den Auftrag, den Rennsteig vom Großen Dreiherrenstein bei Neustadt bis nach Böhmen zu errichten.

1656 Der von Ernst dem Frommen beauftragte Hans Schultze erstattet dem Herzog Bericht über einen möglichen Rennsteig bis nach Böhmen.

1661-1663 Die Forstleute Ernsts des Frommen bereiten den von Hans Schultze erkundeten Rennsteig bis nach Böhmen.

1666 Basierend auf dem Bericht von Hans Schultze und den Beobachtungen seiner Reiter schickt Ernst der Fromme erneut Reiter aus. Diesmal wird mit exakten Vorgaben der Westen durch den Forstmeister David Schmidt aus Georgenthal und der Osten durch den Forstknecht Martin Nees aus Unterneubrunn beritten.

1703 Basierend auf den Berichten Ernsts des Frommen erstellt der herzogliche Historiograph Christian Juncker die erste vollständige Rennsteigbeschreibung: *"Von den Hauptstraßen über den Thüringer Wald, ... insbesondere von dem sogenannten Renn- oder Reinsteig"*. Sein Werk enthält allerdings einige Fehler und Verwechslungen, was darauf hindeutet, daß er den Rennsteig selber nie gegangen ist. Aus Geheimhaltungsgründen bleibt das Werk Junckers allerdings ungedruckt, wodurch der Rennsteig in Vergessenheit gerät.

1732 Das in Leipzig erscheinende "Allgemeine Historische Lexikon" bezeichnet den Rennsteig als einen *"berühmten Weg durch den ganzen Thüringer Wald bis an den Böhmischen Wald"*.

1794 Der Meininger Geologe L. Heim weist in seinem Buch über den Thüringer Wald auf den Rennsteig hin. Da allerdings der exakte Anfangs- und Endpunkt sowie eine genaue Wegbeschreibung fehlen, wurden seine Hinweise kaum berücksichtigt.

1796 Bei dem Versuch, den Rennsteig zu bereisen, findet Herzog Carl August von Sachsen-Weimar kaum jemand, der den Namen und den exakten Verlauf des Rennsteigs kennt.

1796 Herzog Carl August von Sachsen-Weimar läßt zwei Denkschriften mit dem Titel "Zur Verteidigung Thüringens" erstellen, in denen er vorschlägt, den Thüringer Wald "in Richtung des Laufes des höchsten Gebirges zu verhauen" (= befestigen) und dahinter einen "Kommunikationsweg" von der Ruhl bis Stützerbach anzulegen.

1807 In dem ersten Reisewerk von Karl Ernst Hoff und Wilhelm Jacobs (*"Der Thüringer Wald, insbesondere für Reisende geschildert"*) wird der Rennsteig erwähnt. Da beide Autoren allerdings, genauso wie L. Heim vorher, genaue Angaben zum Anfangs- und Endpunkt sowie dem exakten Verlauf des Rennsteigs vermissen lassen, bleibt der Weg weiterhin ziemlich unbekannt.

1813 Der russische Zar überquert auf seinem Weg von Arnstadt nach Frankfurt den Rennsteig.

1830 Der gothaische Offizier Julius von Plänckner wandert die 168,3 km lange Strecke von Blankenstein nach Hörschel. Anschließend verfaßt er die erste genaue Wegbeschreibung des Rennsteigs. Als eigentlichen Rennsteig benennt er in seinem Bericht die 145,3 km lange Strecke von Rodacherbrunn zum Förthaer Stein. Die 14,3 km lange Strecke Blankenstein - Rodacherbrunn und die 8,5 km lange Strecke Förthaer Stein - Hörschel bezeichnet er als "Fortsetzungen, wenngleich nicht unter diesem Namen bekannt". Sein Bericht wird als die Geburtsstunde der touristischen Rennsteigliteratur und Rennsteigwanderung definiert.

1832 In seinem *"Taschenbuch für Reisende durch den Thüringer Wald"* übernimmt Herzog die Beschreibung Plänckners wörtlich und ergänzt sie durch die erste Karte, die den gesamten Rennsteig von der Werra bis zur Saale zeigt.

1856 Bei Steinbach am Wald wird ein Obelisk errichtet, der den Rennsteig als Wasserscheide zwischen Elbe und Rhein markiert.

1862 Das Rennsteigbuch Alexander Zieglers mit neuen Kenntnissen über den westlichen Rennsteig erscheint.

1863 Scheffel veröffentlicht sein Rennsteiggedicht (☞ Rennsteiggedicht).

1867 Basierend auf einer handgezeichneten Karte aus dem Jahr ☞ 1589 und der Grenzwegtheorie definiert der Sachsen-Meiningische Landeskundler Georg Brückner die 13,6 km lange Strecke vom Großen Weißenberg nach Herrenbreitungen als Rennsteig. Dieses Wegstück wird heutzutage als "Brückner oder Ur-Rennsteig", teilweise auch als "Breitunger Rennsteig", bezeichnet.

11. Okt. 1885 Auf der Hauptversammlung des Vereins für Thüringische Geschichte und Altertumskunde hält Prof. Fritz Riegel in Weimar einen Vortrag, in dem er die Grenzwegtheorien von Rückert, Ziegler und Brückner negiert. Als urkundlich belegbaren Rennsteig erkennt er nur die Strecke Ruhlaer Häuschen - Großer Dreiherrenstein an. Des weiteren bestreitet er, daß vor den Erkundungen Erich des Frommen ein durchgängiger Rennsteig nicht nachzuweisen sei. Mit den Arbeiten zu seinem Vortrag und dem Vortrag selbst wird Prof. Fritz Regel zum Begründer der neueren wissenschaftlichen Rennsteigforschung.

1885 Die Forstverwaltung Sachsen-Meiningens beginnt mit der Markierung des Rennsteigs mit einem großen, weißen "R".

1889 Die erste touristische Rennsteigwanderung wird von August Trinius vorgenommen.

1890 Das Buch "Der Rennsteig, eine Wanderung von der Werra bis zur Saale" von August Trinius erscheint und löst einen Rennsteig-Wander-Boom aus.

1890 Roßner wandert den Rennsteig. Zwei Jahre später erscheint eine Veröffentlichung von ihm, in der er das weiße "R" erstmals als "Mareile" bezeichnet ("Mareile" stammt von Marie, der schönen Tochter des Wirtsehepaars des Waldhauses Weidmannsheil).

1891 Die erste Rennsteigbeschreibung von Juncker aus dem Jahr 1703 wird, ergänzt mit eigenen sachkundigen Kommentaren, erstmals vollständig von Paul Mitzschke herausgegeben.

3.10.1892 Im Gästebuch vom Waldhaus Weidmannsheil hinterläßt Prof. Ludwig Hertel den Aufruf zur Gründung eines Rennsteigvereins.

1894 Im Rahmen von Kartierungsarbeiten wird der Rennsteig mehrfach begangen und die Grenzsteine in vorhandene Meßtischblätter eingezeichnet. Daraufhin beschließt der Thüringerwald-Verein die Herausgabe einer "Thüringer Routenkarte".

1896 Die "Thüringer Routenkarte" erscheint und enthält mit besonderer Markierung den Rennsteig sowie den Junckerschen und den Brücknerschen Rennsteig.

24.5.1896 Im Waldhaus Weidmannsheil wird von elf Gründungsmitgliedern der Rennsteigverein unter Führung von Prof. Ludwig Hertel gegründet. Der Verein markiert den Anfangspunkt (Blankenstein) und den Endpunkt (Hörschel) von Plänckners Wanderung.

1896 Prof. Johannes Bühring und Ludwig Hertel geben den ersten "Rennsteigführer" mit Wegekarte und Höhenprofil heraus. - Am Großen Herrenstein wird dessen dreihundertjähriges Jubiläum gefeiert. - Der Rennsteigverein verschickt an 282 Wander-, Heimats- und Geschichtsvereine in Deutschland, Österreich, der Schweiz und dem Baltikum Fragebögen, um Informationen über vorhandene Rennsteige, Rennwege oder Rainstiege zu sammeln.

1897 Die Zwischenauswertung der Fragebogenaktion ergibt die Existenz von 121 als Rennsteig, Rennweg oder Rainstieg bekannten Wegen (heutzutage sind mehr als 220 bekannt. - Das erste Exemplar der gedruckten Vereinszeitschrift "Mareile" des Rennsteigvereins erscheint im Juni.

1898 Die Plänckner Aussicht am Großen Beerberg wird eingeweiht. - In Blankenstein wird im August der hölzerne Rennsteigmönch, der Vorläufer des heutigen steinernen Rennsteigwanderers, eingeweiht. - Das Buch "Rennsteig als Reiseziel" von Prof. Johannes Bühring wird vom Rennsteigverein herausgegeben. - Die erste offizielle "Pfingstrunst Blankenstein - Hörschel" in sechs Tagesetappen findet mit 8 Teilnehmern statt.

1899 Die Endauswertung der Fragebogenaktion wird von Hertel unter dem Titel "Die Rennsteige und Rennwege des deutschen Sprachgebiets" in Buchform herausgegeben.

1900 "Gut Runst!" ("Runst" kommt von Rennen) wird als Rennsteiggruß eingeführt.

1902 Auf dem Wetzenstein wird ein Aussichtsturm mit Namen "Bismarckturm" eingeweiht.

1903 Der Rennsteig wird von Prof. Johannes Bühring bewandert, der die exakte Länge mit einem Prentz'schen Handmeßrad bestimmt. Er gibt die Länge des Rennsteigs mit 171,440 km an. - Anstelle des inzwischen verwitterten hölzernen Rennsteigmönchs wird der Rennsteigwanderer in Blankenstein eingeweiht. - Der Rennsteigverein ist inzwischen auf 242 Mitglieder angewachsen, von denen 64 das Ehrenschild für die erfolgreiche zusammenhängende Rennsteigwanderung erworben haben. - Prof. Johannes Bühring veröffentlicht einen Überblick über alle 13 am Rennsteig bzw. in dessen Nähe befindlichen Dreiherrensteine, allerdings ohne Angabe, ob diese Dreiherrensteine noch existieren oder nicht.

22.1.1905 In Oberhof wird der Thüringer Wintersportverband gegründet.

3.2.1906 Vom Großen Inselsberg nach Oberhof findet das erste Skirennen auf dem Rennsteig statt. Die Strecke beträgt 30 km.

22.-29.1.1907 Von den Erfurtern Stark und Rudolph wird der Rennsteig erstmals auf Skiern von Hörschel nach Steinbach bewandert.

1908 Der "Brücknersche Rennsteig" (der Begrifff "Breitunger Rennsteig" ist ein Synonym), d.h. heißt der Abschnitt Große Weißenberg - Klingenberg/Eichicht im nördlichen Teil des Rennsteigs, wird erstmalig begangen und von da an bis in die 50er Jahre regelmäßig von Rennsteigfreunden erwandert. Die zweite Variante, der "Nees-Rennsteig" von Hirschberg/Saale über Sparnberg, Blankenstein, Krötenmühle und Jägersruh nach Rodacherbrunn wird in den Folgejahren ebenfalls beschrieben und erstbegangen.

19.4.1909 In Leipzig hält Clemens Thieme, der Erbauer des Völkerschlacht-Denkmals, den ersten Lichtbildvortrag über den Rennsteig.

19.4.1910 Der erste Vorsitzende des Rennsteigvereins Prof. Ludwig Hertel stirbt in Hildburghausen.

22.-23.5.1913 Max Rabel stellt mit 32:45 Stunden (reine Marschzeit mit einer Übernachtung) für die Bewanderung des Rennsteigs einen ersten Rekord auf.

1913 Die Rennsteigbahnlinien Allzunah - Frauenwald und Ernstthal - Neuhaus am Rennweg werden eröffnet.

30.12.1913-5.1.1914 Von Hörschel nach Grumbach wird mit fünf Teilnehmern die erste offizielle Ski-Runst untergenommen.

1914 Die Skiabteilung des Rennsteigvereins wird gegründet.

1915 Der Rennsteigverein gibt eine neue fünfteilige Rennsteigkarte mit geologischem Profil heraus.

August 1920 Die erste Rennsteig-Runst nach dem Ersten Weltkrieg wird durchgeführt.

Februar 1922 Der aus 10 Teilstrecken bestehende 100 km-Skistaffellauf vom Ehrenmal des Rennsteigvereins am Glöckner bis zum Gefallenen-Ehrenmal des Thüringer Wintersportvereins findet erstmalig statt.

6.-8.1.1923 Der komplette Rennsteig wird von Gustav Räther aus Erfurt mit Skiern in der Rekordzeit von 28:27 Stunden (reine Marschzeit mit zwei Übernachtungen) bewältigt. Dieser Rekord hält 75 Jahre.

1929 "Des Rennsteigs steinerne Chronik" von Prof. Johannes Bühring erscheint.

1935 Auf der Ebertswiese wird das Berggasthaus gebaut.

1945/1946 Nach dem Zweiten Weltkrieg wird der Rennsteigverein von der sowjetische Besatzungsmacht verboten.

1950 Herbert Roth aus Suhl schreibt das ☞ "Rennsteiglied".

15.4.1951 In Hirschbach feiert das Rennsteiglied anläßlich der "Suhler Volksmusik" Premiere.

1961 Im Rahmen der "Sicherung der DDR-Westgrenzen" wird der Rennsteig am Förthaer Stein und am Gefallenen-Ehrenmal bei Ernstthal zum Grenzsperrgebiet erklärt. Da zusätzlich 14 km des klassischen Rennsteigs in Bayern verlaufen, bleibt als der "offizielle DDR-Rennsteig" nur die rund 120 km lange Strecke zwischen dem Clausberg bei Eisenach und Ernstthal östlich von Neuhaus übrig.

1967 Das Rennsteiggebiet wird zum "Landschaftschutzgebiet Thüringer Wald" erklärt. In dieser Region sind bis heute noch zahlreiche Stellen als Naturschutzgebiet gekennzeichnet, an denen das Verlassen des Wegs nicht gestattet ist.

1970 Die Ortsgruppe Zapfendorf erhält von der DDR-Führung den Auftrag, die Interessen des Gesamt-Rennsteigvereins zu vertreten. - Eine erneute Zählung der als Rennsteig, Rennweg oder Rainstieg bekannten Wege ergibt mehr als 220 (inklusive zahlreicher seit Jahrhunderten nicht mehr benutzter Flurnamen).

1971 Die Idee eines Langstreckenlaufs wird geboren. Vier Teilnehmer laufen auf dem Rennsteig eine Strecke von über 85 km.

Mai 1973 Der erste GutsMuths-Rennsteiglauf findet statt. Die Leistungsstrecke verläuft von der Hohen Sonne bei Eisenach über 75 km bis nach Schmiedefeld. Schmiedefeld ist ebenfalls das Ziel für eine kürzere Variante (45 km), die in Neuhaus beginnt.

1975 Der GutsMuths-Rennsteiglauf führt über die 80 km lange Strecke von Heuberg nach Neuhaus. An diesem Rennen nehmen erstmals mehr als 1.000 Läufer und Läuferinnen teil.

1983 Der Rennsteig wird Teil des ersten grenzüberschreitenden ostmitteleuropäischen Fernwanderwegs, des "Internationalen Bergwanderweges der Freundschaft" von Eisenach nach Budapest. Er durchquert Deutschland, Tschechien und die Slowakei (damals noch ?SFR) sowie Ungarn. Dieser europäische Fernwanderweg ist heutzutage mit dem blauen Andreaskreuz auf weißem Grund gekennzeichnet (☞ Die Rennsteigwanderung von Hörschel nach Blankenstein, Wegmarkierung). Dies ist auch der Grund, weshalb von der Hohen Sonne bei Eisenach bis nach Neuhaus am Rennweg nicht nur das bekannte, weiße "R", sondern auch das blaue Andreaskreuz den Weg weist.

1984 Die Wappensteine am Schönwappenweg werden restauriert.

1986 Zum 90jährigen "Bestehen" des Rennsteigvereins erscheint eine Sonderausgabe von "Das Mareile".

28.4.1990 An der innerdeutschen Grenze werden die Grenzzäune zwischen Brennersgrün und Spechtsbrunn geöffnet, wodurch die erste grenzüberschreitende Wanderung auf dem Rennsteig nach dem Zweiten Weltkrieg gefeiert werden kann. Anläßlich dieses Ereignisses erscheint eine Gedenkmünze.

1991 In Hörschel und Blankenstein setzt der GutsMuths-Rennsteiglaufverein Gedenksteine für Julius Plänckner. - Die erste organisierte Pfingst-Runst von Blankenstein nach Hörschel seit dem Ende des Zweiten Weltkriegs findet statt.

1991-1997 Der Rennsteig wird auf zahlreichen Teilstücken den Gegebenheiten angepaßt: an mehreren Stellen im Bereich des Grenzsperrgebiets wird der Rennsteig wieder auf seiner Originaltrasse geführt. Andererseits werden an Strecken, auf denen der Rennsteig auf Straßen entlangführt, parallel zur Straße im Wald Wege markiert. Insgesamt erhält der Rennsteig mit diesen Maßnahmen seinen ursprünglichen Charakter als Wanderweg zurück.

12.-13.6.1993 In der neuen Rekordzeit von 28:18 Stunden (reine Marschzeit mit einer Übernachtung) wandert der Pößner Hans-Joachim Stoyan von Hörschel nach Blankenstein.

29.-30.4.1994 Von sechs Teilnehmern (u.a. dem Erfurter Olympiasieger Gauder) wird der Rennsteig erstmals in einem Stück ohne Übernachtung in der Zeit von 37:21 Stunden begangen.

13.-14.5.1995 Dieter Rathmann (Schmalkalden) und Karl-Heinz Holland-Nell (Steinbach-Hallenberg) erlaufen den Rennsteig in seiner Länge von Hörschel nach Blankenstein ohne Übernachtung in der neuen Rekordzeit von 20:39:40 Stunden.

1.6.1996 Der thüringische Ministerpräsidenten Dr. Bernhard Vogel eröffnet das Rennsteig-Wanderhaus in Hörschel.

23.-24.12.1997 Der Schmalkalder Dieter Rathmann führt im Alleingang eine Winterbegehung des gesamten Rennsteigs zwischen Blankenstein und Hörschel durch und benötigt dafür 27:17 Stunden.

7.-8.2.1998 Nach zahlreichen erfolglosen Versuchen in den vorhergehenden 75 Jahren läßt der Winter 1997/1998 erstmals wieder eine Gesamtüberquerung des Rennsteigs auf Skiern zu. Ohne Übernachtung benötigt der Hohenwarter Rainer Selch für die gesamte Strecke zwischen Hörschel und Blankenstein 17:15 Stunden und bricht damit den seit 75 Jahren bestehenden Rekord von Gustav Räther.

25.4.1999 Auf dem Eselsberg bei Masserberg wird von den Zeitzer Berg- und Wanderfreunden die neue Paul-Clingestein-Gedenktafel angebracht.

15.4.2001 Das Rennsteiglied feiert seinen 50. Geburtstag.

8.6.2001 Bei strömendem Regen begann am Dreiherrenstein Hoher Lach die erste amtliche Vermessung des Thüringer Rennsteigs durch Azubis des Katasteramts Neuhaus, nachdem in den vergangenen Jahren schon Vermessungsversuche des Rennsteigvereins gescheitert waren, da sie nicht anerkannt werden solllten. Interessant ist dieses Vorhaben v.a. wegen der zahlreichen Varianten im südlichen Teil des Rennsteigs.

Das Rennsteiglied

Während Herbert Roth auf ein Interview beim Sender Weimar wartete, schrieb er 1950 das Rennsteiglied, die "Hymne" der Renner. Am 15.4.1951 wurde in Hirschbach im Rahmen der "Suhler Volksmusik" das Rennsteiglied erstmals öffentlich präsentiert.

Durch Buchen, Fichten, Tannen, so schreit ich in den Tag,
begegne vielen Freunden, sie sind von meinem Schlag. Ich jodle
lustig in das Tal, das Echo bringt's zurück. Den Rennsteig gibt's
ja nur einmal und nur ein Wanderglück. Diesen Weg...

An silberklaren Bächen sich manches Mühlrad dreht, da rast
ich - wenn die Sonne, so glutrot untergeht. Ich bleib, solang es
mir gefällt und ruf es allen zu: Am schönsten Plätzchen dieser
Welt, da find ich meine Ruh'. Diesen Weg...

Das Rennsteiggedicht

Das Rennsteiggedicht wurde 1863 von Victor von Scheffel geschrieben. Scheffel
wurde am 16.2.1826 in Karlsruhe geboren, studierte von 1843 bis 1847 Jura in
München, Heidelberg und Berlin und arbeitete im Anschluß an sein Studium bis
1853 als promovierter Jurist im Staatsdienst. Dann unternahm er Reisen als freier
Schriftsteller und Maler (in dieser Zeit entstanden über 380 Zeichnungen, Skizzen und Vorlagen).

Während seiner Reisen arbeitete er mehrfach als Bibliothekar: von 1857-1859
in Donaueschingen, 1863 bei Freiherr von Laßberg in Meersburg und beim Großherzog von Sachsen-Weimar auf der Wartburg. Die Wandlung zum Dichter hat
sich während dieser Zeit vollzogen. Anläßlich seines 50. und 60. Geburtstags gab
es in ganz Deutschland verschiedene Ehrungen. Bad Säckingen und viele weitere
Städte verliehen ihm die Ehrenbürgerwürde. Scheffel starb am 9.4.1886 in Karlsruhe.

Der Rennsteig

Das war ein Ritt - laß dir von ihm berichten -
ein Ritt auf wilder, moosverstrüppter Bahn
Es galt des Forstmanns friedlich heitern Pflichten,
und Heldentaten wurden nicht getan.
Doch wem der Heimat reine Lüfte teuer,
wer grüne Farbe über alles hält,
der fragt nicht viel nach Kampf mit Ungeheuer,
nach Lorbeerkronen welscher Fabelwelt.

Vergnügt, wenn ihm sein täglich Brot bescheret
und jener Harzduft, der die Seele nähret.

Wir trabten aus - getreue Waldespfleger,
die Henneberger, die des Abts von Fuld,
und andere mehr, bestand'ne Meisterjäger,
wie sie berief verschiedner Landherrn Huld.

Auf Bergesscheiteln läuft ein alt Geleise,
oft ganz bedeckt vom Farnkrautüberschwang;
schickt sich der Storch zum siebtenmal zur Reise,
so neut sich dort des Nachbarn Grenzbegang.

In Forst und Jagd gilt's, Zweiungen zu einen
und neu die Mark zu zeichnen und zu steinen.

Kein steinern Pflaster, drauf die Römer zogen,
wie es mein Aug' in Heil'gem Land erschaut,
mit Meilenzeigern, Wasserleitungsbogen,
mit Grabdenkmalen, Brücken reich umbaut.
Ein deutscher Bergpfad ist's! Die Städte flieht er
und keucht zum Kamm des Waldgebirgs hinauf,
durch Laubgehölz und Tannendunkel zieht er
und birgt im Dickicht seinen scheuen Lauf.

Das Eichhorn kann von Ast zu Ast sich schwingen,
soweit er reicht, und nicht zum Boden springen.

Der Rennsteig ist's, die alte Landesscheide,
die von der Werra bis zur Saale rennt
und Recht und Sitte, Wildbahn und Gejaide
der Thüringer von dem der Franken trennt.
Du sprichst mit Fug, steigst du auf jenem Raine:
Hie rechts, hie links! Hie Deutschlands Süd, dort Nord ...
Wenn hie der Schnee schmilzt, strömt sein Guß zum Maine,
was dort zu Tal träuft, rinnt zur Elbe fort.

Doch auch das Leben weiß den Pfad zu finden,
was Menschen trennt, das muß sie auch verbinden.
Verscholl'ner Völker dunkle Wanderungen,
Kampf um den Landhag ... Überfall und Fluch ...
Kriegswiese ... Mordfleck... Richtstatt: manch verklungen
Geheimnis schwebt um Höhensaum und Schlucht.

Und wer zu hören weiß in frommem Lauschen,
wie herrlicher als Lied und Kunstgedicht
in stundenlangem, leisem Wipfelrauschen
des Waldes Seele mit sich selber spricht,

der muß, wenn sommerliche Lüfte wehen,
auf diesem Stieg als Wandrer sich ergehen.

O Lust, die grüne Wildnis zu umkreisen!
Ich war als Obmann für den Zug gewählt
und trug den Handschuh, feierlich zu weisen,
wo sich ein Markstein findet, wo er fehlt.
Oft ritten Stunden wir und ritten Meilen
und trafen keine Hütte, keinen Herd.
Oft ließen wir die Rosse, und mit Beilen
ward dicht Gesträuch gerodet und geklärt.

Auch schreckte in der Quellschlucht Nebelfeuchten
verfaulter Stämme nächtlich Irrlichtleuchten.

Und als wir kamen ab der Hohen Leite,
dem Donnershaugk, der Zeller Loibe nah,
wie dehnte sich in unermeßner Weite
blaufernem Glanz vor uns die Landschaft da!
Dann hob der Ruppberg sich, der gipfelbloße,
und des Gebrannten Steins verwitternd Haupt,
der Kleine Dolmar, kraftvoll wie der Große, der
Hermannsberg, von Buchen grün umlaubt.

Zu Füßen tief - im Nebel tauig dämmernd -
der Schönaugrund, hufschmiedend, eisenhämmernd.

Dort im Gewirr der nah' und fernen Rücken
erkannt ich auch den hohen Stiller Stein
und sah gerührt mit heimatfreud'gen Blicken
in meiner Kindheit rauhes Land hinein.
Wer kennt das Strohdachdörflein in dem Tale,
durch das die Stille zur Schmalkalde fließt?
's ist meine Hauptstadt! Leider eine kahle,
wo Hirse nur und dünner Hafer sprießt.

Bleib ihr als einz'ger Schatz denn unentweiht
das Glück zufriedner Abgeschiedenheit!

Und als wir kamen zum Dreiherrensteine,
briet schon am Spieß das Reh, das wir erlegt,
am Steintisch ward im traulichen Vereine
im Namen der drei Herrn des Mahls gepflegt.
Und da geschah, nach Brauch der Nachbarmärker,
daß jeder Gast auf eigner Hoheit saß,
und doch der Thüring und der Henneberger
mit dem von Fuld aus einer Schüssel aß.

"In strengen Rechten Nachbarschaft und Frieden!"
So ward's durch dieses Sinnbild uns beschieden.

Viel Volks war unsrer Mahlzeit zugelaufen,
als wär's ein heidnisch Götzen-Opferfest,
sie lagerten im Gras in bunten Haufen
und schmausten des gebrat'nen Rehbocks Rest.
Und mit dem Handschuh wink ich sie zum Kreise:
"Als wär zur Stund ein Waldgericht gehegt,
sei jedem jetzt nach Weidmannszeugnisweise
des Tags Bedeut sein Lebtag eingeprägt!

Wir Förster schreiben ungern mit der Feder,
doch unsre Zeichenschrift versteht ein jeder!"

... Die Knaben zupft ich weidlich an den Ohren,
den Mannen fuhr ich raufend durch den Bart
und sprach: "Nun merkt, als sei es frisch beschworen,
wie hier der Rennstieg frisch bestätigt ward!
Doch merket auch, daß wie wir drei im Frieden
am gleichen Stein das gleiche Mahl verzehrt,
ihr drüben, wie wir hüben, ungeschieden
dem gleichen Volk als Brüder angehört"

Ein Deutschland nährt den Thüring, Hessen, Franken,
und echter Liebe setzt kein Markstein Schranken.

(Victor von Scheffel, 1863)

Der Rennsteigverein

Nach dem Aufruf von Prof. Ludwig Hertel am 3.10.1892 im Gästebuch vom Waldhaus "Weidmannsheil" zur Gründung eines Rennsteigvereins dauerte es bis zum 24.5.1896, als der Rennsteigverein im Waldhaus "Waidmannsheil" von elf Gründungsmitgliedern unter Führung von Prof. Ludwig Hertel gegründet wurde. Der Verein widmet sich seit damals intensiv der Pflege und Erhaltung des Rennsteigs, was auch durch die Verleihung der Eichendorff-Plakette gewürdigt wurde.

Nachdem der Rennsteigverein nach dem Zweiten Weltkrieg von der sowjetischen Besatzungsmacht verboten wurde, erhielt die Ortsgruppe Zapfendorf 1970 von der DDR-Regierung den Auftrag, "die Interessen des Gesamt-Rennsteigvereins zu vertreten". Aus diesem Grund ist auch heute noch der Rennsteigvereien in Zapfendorf ansässig.

Seit der Wiedervereinigung koordiniert der Rennsteigverein zahlreiche Aktivitäten. Auch Fragen rund um den Rennsteig können an den Rennsteigverein gerichtet werden:

♦ Rennsteigverein 1896 e.V., Gartenstr. 13, 96199 Zapfendorf, ☎ 09547/ 1764, 🖥 <www.rennsteigverein.de> ✍ <03692988481-0001@t-online.de>

📖 Vom Rennsteigverein wird auch eine Vereinszeitung herausgegeben: "Das Mareile". Namensgebend war die Tochter des Wirts der Waldgastschänke "Waidmannsheil", Marie Sauer (2.2.1871-12.1.1960). Erstmals 1897 von Ludwig Hertel aufgelegt, wurde der Druck des "Boten des Rennsteigvereins" zusammen mit dem Verein selbst nach dem Zweiten Weltkrieg von der sowjetischen Besatzungsmacht verboten. Nach der Wiedervereinigung wurde "Das Mareile" 1994 wiedergegründet.

♦ Das Mareile, Mitteilungsblatt des Rennsteigvereins 1896 e.V., herausgegeben im Auftrag des Hauptvorstands durch den Hauptpressewart, Erscheinungsweise vierteljährlich, Auflage 1.200 Exemplare, direkte Zusendung an Mitglieder im Jahresbeitrag enthalten, Einzelbezug ist für € 5 incl. Porto auch über die Redaktion möglich, Redaktion: Lotar Köllner, Bahnhofstr. 4, 99842 Ruhla, ☎ 036929/86242 und Christine Kluhs, Wintersteiner Str. 32, 99842 Ruhla, ☎ 036929/88481.

Baum mit "Mareile" (wegweisendes weißes "R")

Reise-Infos
von A bis Z

Anfahrt zu den Ausgangspunkten

Für die Anreise zu einer Rennsteigwanderung bietet sich die Eisenbahn an. Neben den Start- bzw. Endpunkten Hörschel (bei Eisenach) und Blankenstein gibt es zahlreiche weitere, am Rennsteig oder in dessen unmittelbarer Nähe gelegene Ortschaften, die mit Personenzügen entweder direkt oder unter Benutzung von Bahnbussen sehr gut zu erreichen sind.

▷ Hörschel (direkt am Rennsteig gelegen).
▷ Ruhla (3 km vom Rennsteig entfernt).
▷ Steinbach bei Bad Salzungen (3 km vom Rennsteig entfernt).
▷ Tabarz (3 km vom Rennsteig entfernt).
▷ Brotterode (3 km vom Rennsteig entfernt).
▷ Kleinschmalkalden (3 km vom Rennsteig entfernt).
▷ Floh-Seligenthal (3 km vom Rennsteig entfernt; der Bus von Floh-Seligenthal nach Tambach quert den Rennsteig).
▷ Oberhof (1 km vom Rennsteig entfernt).
▷ Zella-Mehlis (6 km vom Rennsteig entfernt).
▷ Schmiedefeld am Rennsteig (2 km vom Rennsteig entfernt).
▷ Neustadt am Rennsteig (direkt am Rennsteig gelegen).
▷ Masserberg (direkt am Rennsteig gelegen).
▷ Neuhaus am Rennweg (direkt am Rennsteig gelegen).
▷ Spechtsbrunn (direkt am Rennsteig gelegen).
▷ Steinbach am Wald (1 km vom Rennsteig entfernt).
▷ Wurzbach (4 km vom Rennsteig entfernt).
▷ Blankenstein (direkt am Rennsteig gelegen)
ℹ Die genauen Bahn- und Busverbindungen sind entweder telefonisch unter der "Zentralen Rufnummer für Zugauskünfte und Serviceleistungen der DB AG", ☎ 0361/19419 oder unter 💻 <www.bahn.de> zu erhalten.

Von größeren Ortschaften, beispielsweise Eisenach, Oberhof, etc. können mit Nahverkehrsverbindungen auch diverse Positionen in den Höhenlagen des Rennsteigs angefahren werden. Dank dieser guten Infrastruktur lassen sich von einer festen Unterkunft aus auch zahlreiche Tageswanderungen am und auf dem Rennsteig unternehmen.

ℹ Liniennetzpläne und zusätzliche Infos zum öffentlichen Nahverkehr unter 💻 <www.thueringenweb.de/thueringenland/verkehr/index.htm>

Auch mit dem Pkw können die entlegenen Hochlagen des Thüringer Waldes angesteuert werden. Hörschel, der Startpunkt der Rennsteigwanderung, liegt westlich von Eisenach und ist über die Autobahn A 4 (Abfahrt Herleshausen) zu erreichen. Am Ende der Wanderung, egal ob der gesamte Rennsteig oder "nur" Etappen gewandert werden, muß man dann mit einem anderen Transportmittel (☞ Bus, ☞ Bahn) wieder zum eigenen Auto am Ausgangspunkt der Tour zurückkehren, was angesichts der guten Infrastruktur in diesem Gebiet allerdings kein Problem darstellen dürfte.

Flora und Fauna

Flora

Während die Landschaft Thüringens mit gut 1.500 Pflanzenarten botanisch relativ vielfältig ist, bietet das Rennsteiggebiet eine eher weniger variable Vegetation. Die Vielfalt nimmt ab, der Anteil der Wälder und Forsten nimmt auf 50% (bis teilweise 70%) zu und präsentiert eine typische Mittelgebirgsvegetation: der Thüringer Wald stellt sich mit einer geschlossenen Waldbedeckung mit kleinflächigen Unterbrechungen von Bergwiesen und Siedlungsräumen dar.

Nur noch der nordwestliche Anfangspunkt des Rennsteigs zwischen Hörschel (⇧ 196 m) und Hohe Sonne (⇧ 434 m) bei Eisenach präsentiert sich auch heute noch als ein Gebiet mit Eichen-Buchen-Wäldern. Etwa 29 km zieht sich im Anschluß an die Hohe Sonne bis zur Ebertswiese (⇧ 710-790 m) die Zone des Laubwaldgebiets, in dem die Buche vorherrscht und das auf frischen nährstoffreichen Böden eine Fülle von Arten beherbergt. In den naturbelassenen Edellaubholzwäldern mit Bergahorn, Bergulme und Gemeiner Esche wachsen zahlreiche Kräuter. Auf den Lichtungen finden sich z.B. das Schmalblättrige Weidenröschen und der Rote Fingerhut.

Vielfach wurden die Wälder allerdings durch menschliche Eingriffe, d.h., durch Nadelholzpflanzungen anstelle der ehemaligen Laubwälder, stark abgewandelt. Heute herrschen stellenweise Fichten-, meist aber Kieferforste vor. Die Fichte, erst in der rauhen Kammlage von Natur aus waldbildend, ist heute aufgrund von künstlicher Fichtenanpflanzung bis in die niedrigsten Lagen zu finden. Buchenwälder und in Ausnahmefällen Weiß- oder Edeltannenwälder sind eine Seltenheit. Die natürliche Baumgrenze wird auch auf den höchsten Lagen, z.B. Oberhof - Beerberg (⇧ 980 m) nicht erreicht. Der Bodenbewuchs in Fichtenwäldern wird z.B. durch Waldsauerklee, Wolliges Reitgras, Heidekraut und Heidelbeere geprägt.

In die Wälder sind weitere Lebensräume eingebettet:

▷   Aufgrund der geologischen Entwicklung gibt es auf den Kammlagen des Rennsteigs Hochmoore (Regenmoore) mit typisch arktischen Pflanzen.

▷   In den montanen Quell- und Hochstaudenfluren sind viele alpine Arten
     vertreten, die dem Bachverlauf folgend abnehmen.

▷   Auf Bergwiesen sind zahlreiche, teilweise naturgeschützte, Arten wie das
     Bergwohlverleih, die Trollblume, das Borstgras, der Goldhafer, der Bär-
     wurz, der Wiesenknöterich und der Waldstorchschnabel zu finden.

▷   Auf nährstoffreichen Talwiesen finden wir eine typische Kräuterwiesenvege-
     tation.

▷   In den häufig noch naturbelassenen und damit vielfältigeren Fettwiesen der
     Bach- und Flußauen herrschen Wiesenstorchschnabel, Wiesenmargarite,
     Wiesenbocksbart und Gemeiner Löwenzahn vor.

▷   Eine relativ eintönige Vegetationszone, die durch den Menschen geprägt
     wurde, sind Ackerflure.

Fauna

Für das Rennsteiggebiet sind vier Lebensräume charakteristisch, in denen typische
Vertreter der Fauna vorkommen:

▷   **Lebensraum Wald:** Naturbelassene Bergmischwälder - vor allem mit
Buchen- und Tannenbestand - die den ursprünglichen Thüringer Wald bildeten,
sind heute zumeist von aufgeforsteten Fichtenwäldern verdrängt worden. Mit
dieser Umgestaltung des Waldes hat sich das Spektrum an Tieren deutlich
reduziert.

Auf einer Runst kann eine Vielzahl an Schmetterlingen, vor allem Tagfalter,
beobachtet werden. Ein weiterer auffälliger Vertreter der Insekten ist die unter
Naturschutz stehende Rote Waldameise, deren bis zu 2 m hohe Nester in allen
Höhenlagen des Thüringer Waldes zu sehen sind.

Bei massenhaftem Auftreten sind in der Forstwirtschaft die Borkenkäfer der
Spezies Großer Buchdrucker und der Fichtenrüßler sowie die Kleine Fichtenblatt-
wespe gefürchtet.

Vertreter der Gruppe der Lurche sind u.a. Berg- und Teichmolch, Erdkröte und
Grasfrosch. Seltener sind hingegen Gelbbauchunke und Laubfrosch.

Vertreter der Kriechtiere sind die Waldeidechse, die an sonnigen Wegrändern
und auf Waldlichtungen angetroffen wird, die Blindschleiche und die Zaun-
eidechse, die nur im Vorland anzutreffen ist, sowie zwei unter Naturschutz stehende Nattern, die im Unterholz lebende Schlingnatter und die Ringelnatter, die
an feuchten Stellen und Seen zu finden ist.

Vögel sind ständige Begleiter auf Rennsteigwanderungen. Teilweise ist aber
eher ihr Gesang zu hören, als daß sie selber gesichtet werden können. Neben den
bekannten Singvogelarten kann man mit etwas Glück auch Raubvogelarten wie
Mäusebussard, Rauhfußkauz, Sperlingskauz oder Uhu beobachten.

Einige Vogelarten kommen im gesamten Thüringer Wald vor, andere sind auf spezielle Wälder (z.B. Buchenwald) beschränkt. Selten geworden ist inzwischen das Auerhuhn, das sich auf wenige Altholzbestände zurückgezogen hat.

Nagetiere sind im Thüringer Wald in einer relativ großen Artenvielfalt vertreten: häufig wird der Wanderer das dunkelbraune oder rote Eichhörnchen antreffen. Darüber hinaus leben hier der Sieben- und der Gartenschläfer und zahlreiche Mausarten. An Insektenfressern sind z.B. Igel und Maulwurf vertreten. Auch verschiedene Fledermausarten sind im Thüringer Wald zu Hause.

Die Raubtiere des Thüringer Waldes sind Fuchs, Dachs, Stein- und Edelmarder, Iltis und Wiesel. In den letzten Jahren wurden erfreulicherweise auch wieder vermehrt Wildkatzen gesichtet, so daß berechtige Hoffnung besteht, daß sie im Thüringer Wald wieder heimisch geworden sein könnten.

An Wildarten sind Rotwild, Rehwild, Damwild sowie Wildschwein anzutreffen. An einigen Stellen wurde außerdem das aus Korsika stammende Mufflon angesiedelt. Wildkaninchen sind vorwiegend im Vorland vertreten während der Bestand an Feldhasen immer mehr abnimmt.

▷   **Lebensraum Moor:** Die Regen- und Quellmoore des Thüringer Waldes sind natürliche Wasserspeicher. Sie sind die Heimat von teilweise vom Aussterben bedrohten Tierarten, wie dem schwarzgelben Feuersalamander, Sumpfspitzmaus und Kreuzotter. Ein weiterer typischer Vertreter dieses feuchten Biotops ist der Moorenfalter - ein Vertreter der Tagfalter. Darüber hinaus sind die Moore ebenfalls Rückzugsgebiete der Birkhühner, deren Bestände sich zu erholen scheinen.

▷   **Lebensraum Bergwiese:** Bergwiesen stellen intakte Ersatzgesellschaften dar, die durch Rodung und langjährige naturverbundene Nutzung vom Menschen geschaffen wurden. Da sie Lebensraum für seltene Tier- und Pflanzenarten sind, müssen die Bergwiesen und Wiesentäler durch eine sorgsame und traditionelle Nutzung erhalten werden.

▷   **Lebensraum Bergbach:** Die Arten des Lebensraumes Bergbach lassen sich in zwei Gruppen gliedern. Diese Differenzierung zeigt sich insbesondere bei den Wirbellosen: es gibt zum einen die Arten der kalten Quellregionen, die mit zunehmender Länge des Bachlaufs von Arten der kühlen, rasch fließenden Mittelgebirgsbäche abgelöst werden.

Stellvertretend für den Artenreichtum an Insekten sind Eintagsfliegen, Steinfliegen sowie die Libellenarten Zweigestreifte Quelljungfer, Blauflügellibelle und Gebänderte Prachtlibelle zu nennen.

Andere Tiergruppen sind nicht so vielfältig vertreten, zeichnen sich aber durch hochspezialisierte, an sauberes und kühles Wasser angepaßte Arten aus. Dazu zählen beispielsweise der Faden- und der Kammolch sowie die im restlichen Deutschland vom Aussterben bedrohte Flußperlmuschel und die Flußnapfschnecke.

Unter den Fischen sind die auf sauberes, klares Gewässer angewiesenen Arten Bachneunauge, Bachforelle, Elritze und Gründling/Groppe zu nennen. Der Bestand der genannten Arten ist inzwischen allerdings auch im Thüringer Wald gefährdet. So wurde inzwischen die Regenbogenforelle aus Nordamerika eingeführt und in den Bergbächen ausgesetzt, um den sinkenden Bestand an Bachforellen zu ergänzen.

Zu den Tierarten, die in besonders hohem Maße an die naturnahen Bachläufe angewiesen sind, gehören Wasseramsel, Gebirgsstelze, Eisvogel und Wasserspitzmaus.

 Geld

Wie inzwischen überall in Europa ist die einfachste Möglichkeit, bei einer Rennsteigwanderung an Geld zu kommen, die Eurocheque-Karte mit PIN. Noch in den entlegensten Ortschaften gibt es Zweigstellen mit Geldautomaten. Dies hat den weiteren Vorteil, daß zu jeder Tageszeit Geld abgehoben werden kann.

Darüber hinaus werden in vielen Geschäften, Restaurants und Hotels die gängigsten Kreditkarten akzeptiert.

Geologie

Das kristalline Grundgebirge mit jungpaläozoischen Sedimentauflagerungen wurde im Karbon, also vor ungefähr 300 Mio Jahren, aufgefaltet. Durch diesen Prozeß entstanden Sättel und Mulden. In den oberen Regionen des Mittelgebirges sind kristalline Schiefer und Granite freigelegt (beispielsweise Kristallin aus Ruhla oder nördlich von Suhl). Diese Höhen aus Glimmerschiefer bilden flache Aufwölbungen, sogenannte Köpfe, und flachgerundete Rücken.

Vor ungefähr 270 Mio Jahren, im Unteren Perm, wurde das im Südwesten des Thüringer Waldes liegende Gebirgsvorland eingeebnet.

In die sand-konglomeratischen, tonigen Gesteine wurden durch Vulkanausbrüche und Spalteneruptionen mächtige Quarzporphyre, Porphyrite und Tuffe eingelagert. Aus diesen Gesteinen bestehen die höchsten Erhebungen des Thüringer Waldes, beispielsweise der Große Inselsberg, der Große Beerberg, der Schneekopf, der Große Finsterberg, der Ruppberg und der Kickelhahn, denn diese

Gesteine konnten der Abtragung, insbesondere im Pleistozän, größeren Widerstand entgegensetzen als die benachbarten Gesteine. Die Porphyre sind oft zu Felstürmen oder Blockgipfeln geformt worden, die auch als Steine bezeichnet werden, wie beispielsweise der "Gerberstein" bei Ruhla.

Durch Abtragung entstanden zwischen den widerstandsfähigen Konglomeraten oft tief eingeschnittene Schluchten, z.B. die Drachenschlucht bei Eisenach. Deutlich wird der Widerstand der Gesteine darüber hinaus in der Gegend von Suhl und Zella-Mehlis, wo der Granit leicht zerstörbar ist und deshalb im Laufe der Jahrmillionen ausgeräumt wurde. Es entstand ein großer Ausräumungskessel, der im Norden markant vom Beerberg-Massiv aus Porphyren überragt wird.

Diese erodierte Rumpflandschaft wurde vom Zechsteinmeer überschwemmt, aus dem sich Kalke, Dolomite und Tonsteine ablagerten. Nachdem sich vor ungefähr 245 Mio Jahren, im Unteren Trias, das Zechmeer zurückgezogen hatte, wurden vom südlich gelegenen Festland Sedimente aus Sandsteinen und Buntsandstein abgelagert.

Vor ungefähr 240 Mio Jahren, im Mittleren Trias, wurde der Bereich erneut überflutet und es lagerte sich eine 200 m starke Muschelkalkschicht ab. Nach dem Rückzug des Meeres folgte in der Obertrias eine wechselhafte Phase, in der sich festländisch dominierte Entwicklungen immer wieder mit Meeresablagerungen abwechselten (Entstehung bzw. Ablagerung von Sandsteinen, Mergel, Tonsteinen und Gips).

Der Thüringer Wald und sein Umland blieben auch in der folgenden Jura- und der Kreidezeit Festland. In der Kreide und im Tertiär wurden große Bereiche des Thüringer Waldes um mehere hundert Meter auf bis zu 1.000 m hochgehoben und daraufhin die auf den kristallinen Grundschichten aufgelagerten Sedimente teilweise abgetragen. Diese Abtragungsprozesse wurden durch die häufigen Wechsel von Kalt- und Warmzeiten im Quartär verstärkt und setzten die markanten Felsformationen aus Porphyr frei (s.o.). Auch die Steilabbrüche am Rand des Thüringer Waldes, die aus Muschelkalk bestehen, sind das Resultat dieser Abtragungsprozesse.

Für eine pleistozäne Vergletscherung des Thüringer Waldes fehlen letztlich eindeutige Hinweise. Die Schuttablagerungen am Nordosthang des Großen Beerbergs, im Tal des Schneetiegels und in einigen anderen Tälern auf der Nordflanke des mittleren Thüringer Waldes sind keine Gletschermoränen, sondern das Resultat einer großen Abtragungsphase in der letzen Kaltphase. So sind die gerundeten Formen der Porphyrgesteine, wie bereits erwähnt, eine dem Porphyr eigene Verwitterungsform, ohne daß eine Abschleifung durch Gletschereis zu einem Rundbuckel vorliegt. Der Große Beerberg hat insofern wahrscheinlich nur eine kleine Eiskappe getragen.

ℹ Information

Unter den angegebenen Adressen können Sie sich nähere Informationen zu einer Rennsteigwanderung und den einzelnen Regionen, durch die der Rennsteig verläuft, einholen.

- ℹ Gebietsausschuß Südlicher Thüringer Wald, Sonneberger Str. 1, 98724 Neuhaus/Rwg., ☎ 03679/775282 + ☎ 775361, FAX 03679/775354.
- ◆ Fremdenverkehrsverband Thüringer Wald e.V., Geschäftsstelle, PF 124, 98510 Suhl, ☎ 03681/722179 + ☎ 726108, FAX 03681/722179.
- ◆ Fremdenverkehrs-Gebietsausschuß Thüringer Schiefergebirge-Obere Saale, Parkstraße 1, 07343 Lobenstein, ☎ 036651/2339, FAX 036651/2269.
- ◆ Fremdenverkehrs-Gebietsausschuß Thüringer Saalebogen, 07318 Saalfeld, ☎ 03671/598378.
- ◆ Touristinformation, Kolpingstraße, 196317 Kronach, ☎ 09261/60150 (Vermittlung und Informationen für den gesamten Frankenwald).
- ⊛ Naturpark-Verwaltung Thüringer Schiefergebirge - Obere Saale, Lehestener Str. 13, 07330 Lobenstein, ☎ 036735/72203.

Näheres zu allen, direkt am Rennsteig gelegenen Unterkünften ☞ Reise-Infos von A bis Z, Unterkunft und Verpflegung. Eine Auflistung aller in der Umgebung gelegenen Unterkünfte würde allerdings den Rahmen des vorliegenden Führers sprengen.

Die folgenden Fremdenverkehrsämter können Auskunft über weitere Unterkunftsmöglichkeiten geben.

- ◆ Tourist-Information, Markt, 99817 Eisenach, ☎ 03691/670260 + ☎ 670263, FAX 03691/670960.
- ◆ Rennsteigwanderhaus Hörschel, Rennsteigstr. 9, 99819 Eisenach, ☎ 036928/91194.
- ◆ Fremdenverkehrsverein Thüringer Pforte e.V., Schulplan 2, 99819 Neuenhof-Hörschel, ☎ 036926/395 + ☎ 220.
- ◆ Gemeindeverwaltung, Bahnhofstraße 15, 37293 Herleshausen, ☎ 05654/537.
- ◆ Gemeindeverwaltung, Denkmalplatz 1, 99819 Stedtfeld, ☎ 03691/3588.
- ◆ Gemeindeverwaltung, Schloß 2, 99819 Oberellen-Clausberg, ☎ 036925/6706.
- ◆ Fremdenverkehrsbüro, In der Struth 2, 99819 Wolfsburg-Unkeroda, ☎ 036925/626786.
- ◆ Gemeindeamt, Lindenplatz 2, 99819 Wilhelmsthal, ☎ 036925/626637.
- ◆ Gemeindeverwaltung, Hauptstr. 7, 99848 Wutha-Farnroda, ☎ 036921/91037.

- Fremdenverkehrsverein Mosbach, 99848 Wutha-Farnroda
  ☏ 036921/80559.
- Fremdenverkehrsamt, Obere Lindenstr. 29, 99842 Ruhla,
  ☏ 036929/89013.
- Gemeindeverwaltung, Marktplatz 6, 36448 Steinbach bei Bad Liebenstein,
  ☏ 036921/2741 + ☏ 2441.
- Informationszentrum, Ruhlaer Str. 2, 36448 Bad Liebenstein,
  ☏ 036961/2733.
- Verkehrsamt, August Bebel-Straße 12, 36448 Schweina, ☏ 03695/84113.
- Fremdenverkehrsamt Inselsberg, Liebensteiner Str. 14, 99891 Winterstein,
  ☏ + FAX 036259/51160.
- Kurgesellschaft, Zimmerbergstr. 4, 99891 Tabarz,
  ☏ 036259/5600, FAX 036259/56018.
- Gästeinformation, Bad Vilbeler Platz 4, 98599 Brotterode, ☏ 036840/3333,
  FAX 036840/3335.
- Kurverwaltung, Marktstraße 13/15, 99894 Friedrichroda, ☏ 03623/304575
  + ☏ 200963.
- Kurverwaltung, Herzog-Georg-Str., 36448 Bad Liebenstein,
  ☏ 036961/56119.
- Fremdenverkehrsamt, Marktplatz 1, 98593 Kleinschmalkalden,
  ☏ 036849/1572.
- Kurverwaltung, Hauptstraße 17, 99898 Finserbergen, ☏ 03623/6122.
- Fremdenverkehrsamt, Marktplatz 1, 98593 Floh-Seligenthal (auch für
  Struth-Helmershof, Schnellbach, Nesselhof), ☏ 03683/608010.
- Information, Kirchhof, 98574 Schmalkalden, ☏ 03683/403182.
- Fremdenverkehrsamt, Rathaus, 98587 Steinbach-Hallenberg,
  ☏ 036847/42437, FAX 036847/42235.
- Verkehrsamt, Burgstallstr. 81a, 99897 Tambach-Dietharz,
  ☏ 036252/36320 + ☏ 34428, FAX 036252/34429.
- Fremdenverkehrsverein, Kronsteinstr. 6, 98593 Struth-Helmerdorf,
  ☏ 03683/88620.
- Fremdenverkehrsamt, Rathausplatz 1, 98587 Steinbach-Hallenberg,
  ☏ 036847/42437.
- Gemeindeverwaltung, Alte Schulstr. 6, 98587 Rotterode, ☏ 036847/2424.
- Fremdenverkehrsamt, Hauptstraße, 98587 Oberschönau,
  ☏ + FAX 036847/30425.
- Kurverwaltung, Crawinkler Straße 2, 98559 Oberhof, ☏ 036842/22143,
  FAX 036842/22332.
- Fremdenverkehrsamt Zella-Mehlis, Louis-Anschütz-Str. 28,
  98544 Zella-Mehlis, ☏ 03682/482840 + ☏ 40317, FAX 03682/487143.

- Amt für Tourismus und Sport, Gothaer Straße 1, 98527 Suhl,
  ☎ 03681/20052.
- Fremdenverkehrsamt, Hauptstr. 41, 98559 Gehlberg, ☎ 036845/50500.
- Fremdenverkehrsverein, 98528 GoldlauterHeidersbach, Zellaer Str. 54,
  ☎ 03681/461522 + ☎ 461566.
- Touristinformation, 98527 Suhl, Friedrich-König-Str. 7, ☎ 03681/720052.
- Information, Lindenstr. 12, 98693 Ilmenau, ☎ 03677/202358 + ☎ 62132,
  FAX 03677/202502.
- Kurverwaltung, Bahnhofstraße 1, 98714 Stützerbach,
  ☎ + FAX 036784/50211 + ☎ + FAX 50213.
- Fremdenverkehrsamt, Suhler Str. 4, 98711 Schmiedefeld/ Rennsteig,
  ☎ 036782/61324, FAX 036782/61705.
- Fremdenverkehrsamt, Nordstr. 96, 98711 Frauenwald, ☎ 036782/61925.
- Gemeindeamt, Lengewiesener Str., 98704 Oehrenstock, ☎ 03677/2352.
- Fremdenverkehrsamt, Rennsteigstraße 52, 98701 Neustad/ Rennsteig,
  ☎ 036781/23778, FAX 036781/23770.
- Fremdenverkehrsbüro, Grundstr. 44, 98701 Altenfeld, ☎ 036781/42318.
- Fremdenverkehrsinformation, Marktplatz 11/13, 98701 Großbreitenbach, ☎
  036781/42312.
- Fremdenverkehrsamt, Hauptstraße 64, 98667 Gießübel, ☎ 036874/206.
- Kurverwaltung, Oelzer Straße 13, 98746 Katzhütte, ☎ 036781/388.
- Informationszentrum Naturpark Thüringer Wald, 98749 Friedrichshöhe,
  Ausstellung und Führungen, ☎ 036704/80670.
- Zentrale Tourist-Information, Schnetter Str., 98666 Heubach,
  ☎ 036874/19433 + ☎ 22611.
- Fremdenverkehrsamt, Rudolf-Breitscheid-Str. 23, 98666 Heubach,
  ☎ 036847/510.
- Fremdenverkehrsbüro, Neue Straße 2, 98666 Schnett, ☎ 036847/430.
- Tourist-Information, Kurhausstr. 8, 98666 Masserberg, ☎ 036870/53380 +
  ☎ 53373, FAX 036870/53375.
- Gemeinderat, 98746 Goldistal, ☎ 036781/37124.
- Fremdenverkehrsbüro, 98666 Fehrenbach, ☎ 036870/378.
- Fremdenverkehrsbüro, Schulweg 58, 98666 Waffenrod/Hinterrod,
  ☎ 03686/2338.
- Gemeindeverwaltung, Hauptstr. 85, 98678 Sachsenbrunn, ☎ 03686/2503.
- Fremdenverkehrsbüro (vermittelt auch für Friedrichshöhe, Steinheid,
  Scheibe-Alsbach und Siegmundsburg), Scheibener Straße, 498749 Lim-
  bach, ☎ + FAX 036704/80500.
- Fremdenverkehrsamt, Passage am Markt, 98724 Neuhaus/Rwg.,
  ☎ 03679/722061 + ☎ 19433, FAX 03679/700228.

- Tourismus GmbH, Hüttenplatz 6, 98724 Lauscha, ☎ 036702/22944 + ☎ 22943, FAX 036702/22942.
- Fremdenverkehrsamt, Bahnhofstr. 12, 98724 Lauscha, ☎ 036702/29016.
- Fremdenverkehrsamt, 96523 Steinach, ☎ 036762/39127.
- Fremdenverkehrsamt der Gemeinde Oberland, Sonneberger Str., 96523 Hasenthal, ☎ 036762/8202.
- Stadtverwaltung, Am Markt 1, 98743 Gräfenthal, ☎ 036703/80207.
- Gemeindeverwaltung, Hauptstraße 10, 96355 Tettau, ☎ 09269/9870.
- Fremdenverkehrsverein Tettauer Winkel e.V., 96355 Kleintettau, ☎ 09269/218 + ☎ 09269/428.
- Gemeindeamt Ebersdorf, Rathaus, 07368 Ebersdorf, ☎ 09263/303.
- Fremdenverkehrsamt, Lauensteiner Straße, 96337 Ludwigstadt, ☎ 09263/94930.
- Verkehrsamt, Rathaus, 96361 Steinbach am Wald, ☎ 09263/525, FAX 09263/7055.
- Stadtverwaltung, Obere Marktstraße 1, 07349 Lehesten, ☎ 036653/22381, FAX 036653/22518.
- Gemeindeamt, Nr. 55, 07349 Brennersgrün, ☎ 036652/264.
- Fremdenverkehrsamt, Leutenberger Str. 5, 07343 Wurzbach, ☎ 036652/30414.
- Touristinformation, Klöppelschule 4, 96365 Nordhalben, ☎ 09267/531.
- Gemeindeverwaltung, 07366 Schlegel, ☎ 0366642/22218.
- Fremdenverkehrsamt, Graben 18, 07356 Lobenstein, ☎ 036651/2543.
- Fremdenverkehrsbüro, Rennsteig 2, 07366 Blankenstein, ☎ 036642/25871, FAX 036642/25875 (vermittelt auch für Blankenberg, Harra, Pottiga, Neundorf, Schlegel, Birkenhügel).

☺ Alle Fremdenverkehrseinrichtungen in Rennsteignähe organisieren Rennsteigwanderungen über mehrere Etappen und versenden Infobroschüren.

@ Der Rennsteig im Internet:
🖥 <www.rennsteig.de>
- <www.thueringenweb.de/thueringenland/rennsteig>
- <www.rennsteigportal.de>
- <www.rennsteigtip.de>
- <www.rennsteiginfo.de>
- <www.stefan-etzel.de/rennsteig/index.htm>
- <www.rennsteigverein.de> Homepage des Rennsteigvereins 1896 e.V.
- <www.rennsteiglauf.de> Infos rund um den GutsMuths-Lauf.
- <www.thueringen-direkt.de> Hotelverzeichnis für Thüringen.

 Klima

Obwohl der Thüringer Wald zentral im klimatisch stabilen und gemäßigten Mitteleuropa liegt, herrscht wegen seiner Gebirgslage ein teilweise rauhes Klima. Vom Atlantik kommende Wolken werden an den Kamm herangetragen, wo sie sich abregnen.

Die Hochlagen des Thüringer Waldes erhalten insofern wesentlich mehr Feuchtigkeit als die Niederungen. Besonders davon betroffen sind die Gipfelbereiche des Inselsbergs (⇧ 916 m) mit 1.264 mm Niederschlag/Jahr, des Beerberg- und Schneekopfmassivs (⇧ 911 m) mit 1.304 mm Niederschlag/Jahr und des Schiefergebirges (⇧ 784) mit 1277 mm Niederschlag/Jahr.

Durch die Höhe sind die Winter im Thüringer Wald kalt. Die mittleren Januartemperaturen liegen in Gipfelhöhe auf ca. 900 m bei -2°C bis -4°C, was bei den gleichzeitig hohen Niederschlagswerten eine gute Schneesicherheit verspricht. Vor allem in den Gebieten um Oberhof sowie Neuhaus/Masserberg sind Schneehöhen über 1 m keine Seltenheit.

Die folgende Tabelle gibt vereinfacht die klimatischen Bedingungen im Thüringer Wald in Abhängigkeit der Höhe über NN wider:

Lage	Täler	Höhen	Gipfel
Höhenlage (m ü.NN)	500	700	900
Ø Jahrestemperatur	6,5°	5°	4°
Ø Temperatur im Januar	-2°	-3°	-4°
Ø Temperatur im Juli	15,5°	14°	12,5°
Ø Jahresniederschlag (mm)	650-1.300	meist > 1.000	1.000-1.400

Prinzipiell gilt zwar für ganz Mitteleuropa, daß die hauptsächlich vorherrschenden Winde aus Südwest am südwestlichen Gebirgsrand (Luvseite) höhere Niederschläge bringen als im nord- und nordöstlichen Rennsteiggebiet (Leeseite), doch durch die geringe Breite des nördlichen Thüringer Waldes (nur 2 bis 10 km breit) ist dieser Luv-/Lee-Effekt kaum ausgeprägt.

Im über 30 km breiten westlichen Schiefergebirge ist dieser Effekt stärker zu spüren, so daß es dort verhältnismäßig trockene Regionen auf der Leeseite des Gebirges gibt.

▪ <www.wetteronline.de/Thueringen/Rennsteig.htm> Wettervorhersage für den Rennsteig.

📖 Literatur

Wer sich für historische Literatur über den Rennsteig interessiert, dem empfehle ich folgende Bücher:

♦ Bühring, Rennsteigkenntnis und Rennsteigforschung 1649-1899, in: Das Mareile, Bote des Rennsteigvereins, 1906.

♦ Bühring und Hertel, Der Rennsteig des Thüringer Waldes (Teil 1), 3. Auflage, Verlag des Rennsteigvereins, Zeitz, 1930.

♦ Das Mareile, Sonderausgabe 90 Jahre Rennsteigverein, Herausgeber: Rennsteigverein e.V., Zapfendorf, 1986.

♦ Mitschke, Christian Juncker, Beschreibung des Rennsteigs (1703), in den Schriften des Vereins für Sachsen-Meiningische Geschichte und Landeskunde, Heft 10, Hildburghausen, 1911.

♦ Roßner, Der Rennsteig des Thüringer Waldes jetzt und früher, Naumburg, 1892.

♦ Trinius, Der Rennsteig - Eine Wanderung von der Werra bis zur Saale, Verlag Lüstenröder, Berlin, 1890.

⌘ Museen

In den Ortschaften am Rennsteig gibt es für diejenigen Wanderer, die etwas Zeit mitbringen, zahlreiche Museen, Burgen, Schlösser oder technische Denkmäler zu besichtigen. Anhand der folgenden Liaste kann bei Interesse die Rennsteigwanderung entsprechend geplant werden, so daß noch etwas Zeit für einige dieser Objekte bleibt.

Eisenach (7 km von Rennsteig entfernt)

♦ Zahlreiche Museen: u.a. Bachhaus, Lutherhaus, Wartburg, Reuter-Wagner-Museum, Automobil-Oldtimer Ausstellung, kunsthandwerkliche Sammlungen des Thüringer Museums. (📷 S. 65)

Oberhof (direkt am Rennsteig gelegen)

♦ Wintersportmuseu, Am Harzwald, ☎ 036842/21020, tägl. 🕐 10:00-13:00 + 14:00-17:00.

♦ Rennsteiggarten, Botanischer Garten für Gebirgsflora, am Rondell, ☎ 036842/22245, Mai-Sep: tägl. 🕐 9:00-18:00, Okt: tägl. 🕐 9:00-17:00.

♦ Museum Schloß Wilhelmsburg, Schmalkalden, ☎ 03683/403186, FAX 03683/601682, Feb-Okt: Di-So 🕐 9:00-17:00, Nov-Jan: Di-So 🕐 10:00-16:00.

Schmalkalden (10 km vom Rennsteig entfernt)
◆ Historische Hochofenanlage Happelshütte (Museum, Schauschmieden) im Schmalkalder Ortsteil Weidebrunn, ☎ 03683/403018, April-November: Mi-So 🕘 10:00-17:00.
◆ Schaubergwerk Finstertal in Asbach bei Schmalkalden, ☎ 03683/488037, April-Oktober: Mi-So 🕘 10:00-17:00.

Steinbach-Hallenberg (4 km vom Rennsteig entfernt)
◆ Museum im Heimathof, Hauptstr. 45, ☎ 036847/41065, April-Oktober: Mi-So 🕘 10:00-17:00, November-März: Mi-So 10:00-16:00.

Zella-Mehlis (6 km vom Rennsteig entfernt)
◆ Heimatmuseum, Hauptstr. 2, ☎ 03682/483471, Di-Fr 🕘 9:00-12:00 + 13:00-17:00, Mai-Oktober zusätzlich: So 9:00-12:00 + 14:00-17:00.
◆ Historische Schmiede (Museum, Schauschmieden) im Lubenbachtal bei Zella-Mehlis, ☎ 03682/43345, nach Voranmeldung.
◆ Thüringer Meeresaquarium, Talstraße 50, ☎ 03682/41078, täglich 🕘 10:00-18:00.

Gehlberg (4 km vom Rennsteig entfernt)
◆ Museum der Gehlberger Glastradition, Gehlberg, Hauptstr., ☎ 036845/50433, Mo-Fr 🕘 10:00-12:00 + 14:00-16:00, Sa 10:00-12:00.

Neustadt am Rennsteig (direkt am Rennsteig gelegen)
◆ Bunkermuseum am Waldhotel Rennsteighöhe, Führungen täglich 12:00, 14:00 + 16:00, an Wochenenden zusätzlich 13:00 + 15:00.
◆ Heimatstube, Kirchgasse 5, Mo-Fr 🕘 8:00-11:00, Sa 10:00-11:00.

Stützerbach (3 km vom Rennsteig entfernt)
◆ Goethehaus- und Glasmuseum, Seb.-Kneipp-Str.18, ☎ 036784/50277, April-Oktober: Mi-So 🕘 9:00-17:00, November-März: Mi-So 10:00-16:00.

Schmiedefeld (2 km vom Rennsteig entfernt)
◆ Kunst- und Tierglasbläsereien (Schauvorführungen) in Schmiedefeld, Stützerbach und Frauenwald.
◆ Heimatstube, Suhler Str. 37, ☎ 036782/60800, Mo-Fr 🕘 10:00-12:00 + 14:00-17:00, Sa 10:00-12:00.

Masserberg (direkt am Rennsteig gelegen)
◆ Glasbläserei (Vorführung).

♦   Heimatstube, Herrnhausstr., täglich ⏰ 15:00-18:00,
        Anmeldung ☎ 036870/50036.

Neuhaus am Rennweg (direkt am Rennsteig gelegen)
♦   Heimatmuseum "Geißlerhaus", Sonneberger Str. 106, ☎ 03679/723143,
        Di-Fr ⏰ 13:00-17:00, Sa 13:00-15:00.
♦   Holzkirche von 1892.
♦   Reiterhof, ☎ 03679/720494.

Lauscha (2 km vom Rennsteig entfernt)
♦   Glasmuseum, Oberlandstr., ☎ 036702/20724, täglich ⏰ 9:00-17:00.
♦   Farbglashütte, Straße des Friedens 46, ☎ 036702/2810, Führungen Mo-Sa
        9:30, 10:30, 13:00, 14:00, 15:00 + 16:00.

Steinach (7 km vom Rennsteig entfernt)
♦   Deutsches Schiefermuseum, Dr. Max-Volk-Str., ☎ 036702/30619 +
        ☎ 32746, täglich ⏰ 14:00-17:00.

Schmiedefeld (5 km vom Rennsteig entfernt)
♦   Schaubergwerk "Morassina", Schwefelloch, ☎ 036701/61577 + ☎ 62879,
        täglich ⏰ 9:00-17:00.

Ludwigsstadt (4 km vom Rennsteig entfernt)
♦   Schiefermuseum, Lauensteiner Str. 44, ☎ 09263/94930, April-Oktober:
        So/Feiertag ⏰ 13:00-16:00 oder nach Vereinbarung.

Lauenstein (7 km vom Rennsteig entfernt)
♦   Burg Lauenstein, ☎ 09263/400 + ☎ 94930, ⏰ April-September: Di-So 9:00-
        11:30 und 13:00-16:30 , Oktober-März: Di-So 10:00-11:30 und 13:00-15:00.

Nordhalben (5 km vom Rennsteig entfernt)
♦   Klöppelschule Nordhalben, ☎ 09267/375, Mo-Fr ⏰ 8:00-12:00, Di-Fr 13:00-
        16:00, Sa/So 13:00-16:00.
♦   Internationale Spitzensammlung, Nordhalben, Di-Fr ⏰ 10:00-12:00 + 13:00-
        16:00, Sa/So 13:00-16:00.

Lehesten (4 km vom Rennsteig entfernt)
♦   Technisches Denkmal "Historischer Schieferbergbau Lehesten",
        ☎ 036653/22381 + ☎ 22212, Besichtigung nur mit Führung, März-Oktober:
        Di/Do ⏰ 10:00, Sa/So 10:00 + 14:00.

◆ KZ-Gedenkstätte "Laura" im Lehestener Ortsteil Schmiedebach,
  ☎ 036653/22256, 1. und 3. Mi/Sa/So 🕐 15:00-17:00.

Wurzbach (4 km vom Rennsteig entfernt)
◆ Technisches Denkmal "Heinrichshütte", Leutenberger Str.,
  ☎ + FAX 036652/22717, 🕐 Mo-Do 9:30-11:30 und 13:00-14:30, Sa/So nach
  Anmeldung, Schaugießen: ein bis drei Termine im Monat, Beginn 13:00.

Naturschutz

Der Rennsteig führt durch eine reizvolle Mittelgebirgslandschaft, das Thüringer
Gebirge. Es durchzieht von Nordwest nach Südost den Süden Thüringens mit
einer max. 20 km breiten Scholle und einer außerordentlichen landschaftlichen
Vielfalt. Der Rennsteig, das Rückgrat des Thüringer Waldes, ist die Wasserscheide
zwischen den Einzugsgebieten von Elbe (Gera, Ilm, Saale), Weser (Werra) und
Main (Itz, Rodach). Senkrecht dazu zweigen Querkämme ab, zwischen denen sich
tief eingeschnittene Täler nach den Vorländern öffnen. Die Höhenunterschiede
besonders im mittleren Thüringer Wald sind beträchtlich. Beispielsweise wird das
Tal des Schneetiegels vom weniger als 2 km entfernten Schneekopf um 600 m
überragt. Diese Gegensätze machen den landschaftlichen Reiz des Gebirges aus.

Diese vielfältige Landschaft, durch die der Rennsteig führt, ist größtenteils
geschützt. Im Verlauf des Rennsteigs kommt man durch zwei Naturparks, den
Naturpark "Thüringer Wald" und den Naturpark "Thüringer Schiefergebirge /
Obere Saale", und das Bioshärenreservat "Vessertal".

▷ **Naturparks** sind großräumige, abwechslungsreiche Kultur- und Naturland-
schaften von landesweiter Bedeutung mit besonderem landschaftlichem Reiz. Sie
dienen der Erschließung und Entwicklung zu Naturschutz- und Erholungszwecken
und sollen wirtschaftliche Nutzung, Naturschutz und Erholung verbinden.

▷ **Biosphärenreservate** sind durch die Unesco im Rahmen des MAB-Pro-
gramms ("Der Mensch und die Biosphäre") anerkannt. Sie sind repräsentative
Ausschnitte von charakteristischen Ökosystemen, wertvollen Kulturlandschaften
und naturnahen Lebenssystemen und dienen der Entwicklung von landschafts-
typischen und nachhaltigen Bewirtschaftungsformen (d.h. umweltschonende,
sozial verträgliche und trotzdem wirtschaftliche Bewirtschaftung).

Der Naturpark **Thüringer Wald** umfaßt ein Gebiet von 2.200 km^2, das sich
rund 100 km entlang des Rennsteigs von Hörschel bei Eisennach im Nordwesten

bis nach Hasenthal bei Neuhaus im Südosten erstreckt. Den landschaftlichen Reiz des Thüringer Waldes macht, neben den ausgedehnten Wäldern, in erster Linie der Gegensatz zwischen Höhen und tiefen Tälern mit steilen und steilsten Hängen aus. Der Höhenunterschied von den Flußebenen bis in die Höhenlagen beträgt bis zu 800 m. Im Naturpark liegen gänzlich oder anteilig die sieben Landkreise Hildburghausen, Sonneberg, Saalfeld-Rudolstadt, Ilm, Gotha, Wartburg und Schmalkalden-Meiningen mit über 200 Städten und Gemeinden sowie die kreisfreie Stadt Suhl.

Der Thüringer Wald wird durch bewaldete Bergrücken mit mosaikartig eingestreuten Bergwiesen, Mooren, Quellfluren, Grünflächen, Ackerterrassen und Talwiesen charakterisiert, die von zahlreichen Bergbächen durchzogen werden. In den Wäldern, Mooren, Wiesen und Tälern leben zahlreiche seltene Tier- und Pflanzenarten.

Der Naturpark bietet ein abwechslungsreiches Landschaftsbild, das sich in insgesamt vier Naturräume gliedern läßt.

▷ **Der nordwestliche Thüringer Wald**: Der schmale Gebirgszug des nordwestlichen Thüringer Waldes erhebt sich von Hörschel (⇧ 196 m) bis zum Großen Inselsberg (⇧ 916 m). Dieser niedrigste Gebirgsteil im Naturpark wird charakterisiert durch ausgedehnte Buchenmischwälder.

▷ **Der mittlere Thüringer Wald**: Hier verbreitert sich der Gebirgszug allmählich und erreicht mit dem Großen Beerberg (⇧ 982 m) die höchste Erhebung Thüringens. Aufgrund der klimatischen Bedingungen in diesen Höhenlagen existieren Bergwiesen, die seltenen Blumen das Überleben sichern. In den etwas niedrigeren Höhenlagen herrschen ausgedehnte Fichtenwälder und vom Regenwasser gespeiste Regenhochmoore vor. Der mittlere Thüringer Wald ist aber auch über die Landesgrenzen hinaus als Wander- und Wintersportgebiet bekannt.

▷ **Das westliche Thüringer Schiefergebirge**: Der Gebirgszug erreicht in diesem Bereich seine größte Ausdehnung. Charakteristisch für diesen Abschnitt sind die zahlreichen eingeebneten Hochflächen mit Äckern und Weiden. An den Rändern dieser Hochebenen ziehen sich steile bewaldete Täler hinab.

▷ **Das Gebirgsvorland**: Im Norden und Süden des Thüringer Waldes ist das Klima weniger rauh. Daher ist das Gebirgsvorland die Heimat von wärmeliebenden Pflanzen und Tieren. Eichenmischwälder, Streuobstwiesen, Alleen und zahlreiche Hecken lockern das Landschaftsbild auf.

Im Herzen des Naturparks "Thüringer Wald" liegt mit einer Fläche von 170 km² das Biosphärenreservat **Vessertal**. Hervorgegangen ist dieses älteste Bio-

Biosphärenreservat Deutschlands aus dem Naturschutzgebiet Vessertal (Schutz-
status seit 1939, Fläche 13,8 km²). Typische Ökosysteme dieser reizvollen Mittelgebirgslandschaft sind Bergfichten- und Buchenmischwald, Bergwiesen, Bachtäler
und Hochmoore, wobei allerdings die Wälder dominieren. Nur in Bachtälern und
auf Hochflächen werden die Wälder kleinflächig von Bergwiesen unterbrochen. In
den Kammlagen bildeten sich durch den undurchlässigen Untergrund und die
hohen Niederschläge (Niederschlag ca. 1.000 mm/Jahr) kleinflächige Hochmoore
(Regenmoore), die durch Regenwasser gespeist werden.

    Der Naturpark **Thüringer Schiefergebirge / Obere Saale** grenzt im Südosten
Thüringens an den Naturpark Thüringer Wald. Er umfaßt eine Fläche von
800 km²; die Berge im Süden des Naturparks erreichen eine Höhe von knapp
800 m. In diesem südlichen Bereich sind große Teile des Naturparks von Wäldern
bedeckt. Das zentral gelegene Oberland ist hingegen durch wellige, waldarme
Hochflächen charakterisiert. Zahlreiche Bäche entspringen auf diesen Hochflächen sowie den regenreichen Mittelgebirgshochlagen und fließen in steilen Bachtälern hinab in die Ebenen. Diese zumeist kleinen Bäche und Flüsse - nur die Saale
ist in diesem Naturpark ein großer Mittelgebirgsfluß - ließen ein für den Naturpark
typischen Lebensraum entstehen: den Lebensraum Bergbach.
    Die Saale wird im Saaletal durch zwei große Talsperren zum sogenannten
"Thüringer Meer" aufgestaut. Eine weitere Besonderheit ist die Seenlandschaft des
Plothener Teichgebiets, das ein Rückzugsgebiet für zahlreiche Wasservögel bietet.

☏ Post

Wie in vielen anderen Regionen Deutschlands sind die kleinen Ortschaften auf und
am Rennsteig inzwischen auch von Filialschließungen der Post AG betroffen.
Briefmarken können aber problemlos in den Souvenirläden, in denen Postkarten
erstanden werden, gekauft werden. Postkästen sind ebenfalls in ausreichendem
Umfang zu finden.

⚛ Radwandern

Am wurde 19. Juni 2000 wurde der Rennsteig-Radwanderweg von Hörschel nach
Blankenstein eröffnet. Obwohl er ebenfalls dem Kamm des Thüringer Waldes,
folgt, verläuft er nur 26 km lang auf dem Original-Rennsteig der Wanderer. Aufgrund der zahlreichen Schleifen, die eingelegt werden, um sensible Passagen,
steile Auf- und Abstiege oder holperige Wurzelholzpassagen zu umgehen, ist der

Rennsteig-Höhenradwanderweg 195 km lang. Immerhin 113 km dieser Strecke führen über nichtöffentliche Waldwege oder Straßen.

Vom Profil und der Wegbeschaffenheit her handelt es sich beim Rennsteig-Höhenradwanderweg um eine Offroad-Strecke, was ein stabiles ATB oder MTB voraussetzt, das über eine gute Gangschaltung, stabile Felgen mit profilierten Reifen und vor allem über griffige Bremsen verfügen sollte.

Die Route ist beispielsweise in der Kompass-Karte "Der Rennsteig" im Maßstab 1:50.000 enthalten (☞ Tourenvorbereitung, Karten). Im Fachhandel sind darüber hinaus spezielle Rennsteig-Radwanderführer erhältlich.

Die Ausschilderung des Rennsteig-Höhenradwanderwegs (Schild mit einem Radfahrer-Piktogramm in schwarzer Farbe vor dem Hintergrund eines großen grünen R und darüber ein "Rennsteig"-Schriftzug ebenfalls in grüner Farbe) ist ebenso vorbildlich wie die Ausschilderung des "normalen" Rennsteigs.

Markierung für Radfahrer

Da es leider immer wieder zu Konflikten zwischen Radfahrern und Wanderern kommt, nenne ich einige Verhaltensregeln.

▷   Der Rennsteig ist primär ein Wanderweg und Wanderer haben daher absoluten Vorrang, d.h. begegnen sich an Engstellen Wanderer und Radfahrer, so müssen die Radfahrer ggf. absteigen und schieben.

▷   Die Größe der Radlergruppe sollte maximal 4 bis 6 Personen betragen.

▷   Durch behutsames Klingeln in ausreichender Entfernung sollte angezeigt werden, daß sich ein Radfahrer von hinten nähert.

▷   Schnelles Fahren im Umfeld von Wanderern sollte man vermeiden.

▷   Der Original-Rennsteig ist bis auf die ausgeschilderten 26 km für Radfahrer tabu (inzwischen nach dem "Thüringer Rennsteiggesetz" sogar gesetzlich verboten). Es ist dem ausgeschilderten Weg zu folgen. Da trotz der gesetzlichen Regelung auch 2000 bei der jährlichen Rensteigtagung leider wieder festgestellt werden mußte, daß viele Radler nicht den Radwanderweg, sondern nach wie vor den Rennsteig nutzen, ist in Zukunft mit schärferen Kontrollen zu rechnen.

⌂ Schutzhütten

Über die 168,3 km des Rennsteigs verstreut stehen mehr als 60 Schutzhütten unterschiedlicher Größe und Ausfertigung. Die Vielfalt reicht von einfachen, an drei Seiten geschlossenen Holzunterständen mit oder ohne Bänke, die einen reinen Wetterschutz darstellen, bis hin zu relativ großen, massiv aus Stein oder Holz gefertigten Hütten, die auch (mit der richtigen Ausrüstung) eine Übernachtung zulassen. In der folgenden Liste sind die Schutzhütten des Rennsteigs mit den Kilometerangaben von Hörschel nach Blankenstein genannt:

km 1,9	Schutzhütte am Großen Eichelberg
km 3,7	Schutzhütte "Flüchtiger Hirsch" an der Tyroler Platte
km 8,3	Schutzhütte am Vachaer Stein
km 11,6	Schutzhütte am Steinkreuz "Wilde Sau"
km 12	Schutzhütte an der Krummen Kahre
km 16,2	Schutzhütte am Hangstein
km 17,3	Schutzhütte am Zollstock
km 21	Schutzhütte Ruhlaer Häuschen
km 22,3	Schutzhütte und Rettungsstelle Auerhahn
km 25	Schutzhütte an der Glasbachwiese
km 27,8	Schutzhütte am "Dreiherrenstein"
km 29,1	Schutzhütte am Zigeunerkopf
km 29,9	Brotteroder Schutzhütte
km 31,6	Schutzhütte und Rettungsstelle am Venetianerstein
km 34,5	Schutzhütte an der Grenzwiese
km 35,1	Schutzhütte an der Gabelwiese
km 36,3	Schutzhütte am Kleinen Jagdberg
km 39,4	Schutzhütte am Spießberg
km 40,6	Schutzhütte am Possenröder Kreuz
km 43,3	Schutzhütte am Dreiherrenstein am Hangweg
km 45,9	Schutzhütte an der Alten Ausspanne
km 47,5	Schutzhütte am Nesselbergg
km 47,8	Schutzhütte an der Neuen Ausspanne
km 48,8	Schutzhütte an der Wiedpfuhlswiese
km 50,2	Schutzhütte an der Schmalkalder Loibe
km 52,1	Schutzhütte und Rettungsstelle am Oberlautenberg
km 54,8	Schutzhütte am Wachsenrasen
km 58	Schutzhütte am Gustav-Freytag-Stein
km 59,5	Schutzhütte am Greifenberg
km 61,4	Schutzhütte am Grenzadler

km 62,8	Schutzhütte am Stein 16 (Dietzel-Geba-Stein)
km 65,5	Schutzhütte an der Sommerwiese
km 68,3	Schutzhütte am Großen Beerberg
km 69,4	Schutzhütte am Adler
km 71	Schutzhütte an der Schmücke
km 73	Schutzhütte arn Mordfleck
km 74,4	Schutzhütte an der Alten Tränke
km 80,6	Schutzhütte am Roten Berg
km 82,6	Schutzhütte am Großen Hundskopf
km 85,8	Schutzhütte am Grenz- und Wegweiserstein
km 86,5	Schutzhütte am Straßenübergang zum Burgberg
km 87,5	Schutzhütte am Auslauf des Burgbergs
km 89,9	Schutzhütte nach Neustadt a.R.
km 92,3	Schutzhütte an der Teufelsbuche
km 95	Schutzhütte am Schwalbenhaupt
km 96,9	Schutzhütte am Fehrenberg
km 100,1	Schutzhütte am Dreiherrenstein an der Hohen Heide
km 102,1	Schutzhütte an der Eisfelder Ausspanne
km 103,8	Schutzhütte an der Pechleite
km 108	Schutzhütte am Dreistromstein am Kleinen Dreiherrenberg
km 112	Schutzhütte am Sandberg
km 112,8	Schutzhütte am Sandwieschen
km 123	Schutzhütte am Gefallenendenkmal des Thür. Wintersportverbandes
km 123,7	Schutzhütte "Laubeshütte"
km 128	Schutzhütte am Roten Berg
km 127,8	"Clemens Major"-Schutzhütte
km 132,2	Schutzhütte an der Schildwiese
km 145,8	Schutzhütte "Zum Kurfürstenstein"
km 147	Schutzhütte "Jagdstein"
km 149,5	Schutzhütte in Tipi-Form (noch unbenannt)
km 154,5	Schutzhütte "Rodacherbrunn"
km 158,7	Schutzhütte am Kulmberg
km 160	Schutzhütte am Pferdeweg
km 164	Schutz- und Rasthaus am Wiesbühl

# Skisport

Aufgrund der hohen Niederschläge und der relativ kalten Winter sind die Kammlagen des Thüringer Waldes schon seit je her eine gute Skiwander- und Skilanglaufregion. Deshalb ist es auch nicht verwunderlich, daß einem auch im Hoch-sommer in der Region von Oberhof Skilangläufer (dann allerdings auf Rollerskiern) begegnen, denn Oberhof ist ein nationaler Leistungsstützpunkt für Biathlon.

Der schneesicherste Bereich befindet sich zwischen dem Sperrhügel und dem Großen Finsterberg, da dieses Gebiet durchgehend über 800 m liegt. In guten, schneereichen Wintern sind auch in den Regionen bis Ruhla und Spechtsbrunn ausgedehnte Langlauftouren möglich. Die zahlreichen Wanderparkplätze, die auch von Linienbussen angefahren werden, bieten gute Einstiegsmöglichkeiten für Skiwandertouren entlang des Rennsteigs.

📘   Aktuelle Auskünfte über Schneehöhen, gespurte Loipen und Skiwander-wege gibt es beim "Schneetelefon Thüringer Wald" (☎ 036874/70623) und, speziell für die Region Oberhof, unter der Oberhofer Telefonnummer (☎ 036842/20195). Bei den jeweiligen Fremdenverkehrsbüros (☞ Reise-Infos von A bis Z, Information) können Loipenpläne angefordert werden.

🎿   Die Möglichkeiten für alpinen Skilauf sind im Thüringer Wald eher beschränkt. Es gibt zwar einige Liftbetriebe, deren Pisten sind aber nicht sehr lang und auch nicht sehr anspruchsvoll.

☎ Telefon

In fast allen Telefonzellen kann mit Telefonkarten telefoniert werden. Telefonkarten sind in vielen Buch- und Schreibwarengeschäften, in Souvenirläden und natürlich in den Läden der Telekom erhältlich.

Telefonieren mit Münzen ist nicht mehr so weit verbreitet.

▷   Gespräche von Deutschland ins Ausland: 00 Vorwahl für das Ausland + Vorwahl für das gewünschte Ausland (39 für Italien, 43 für Österreich, 41 für die Schweiz, etc.) + Ortsvorwahl des gewünschten Ortsnetzes ohne die "0".

📱   Im gesamten Rennsteigverlauf kann mit dem Handy telefoniert werden, allerdings sind in hügeligen Regionen die Sende- und Empfangsleistungen teil-weise eingeschränkt.

Unfall / Bergrettung

Im Falle eines Unfalls kann über die bekannte Notrufnummer 112 Hilfe geholt werden.

Darüber hinaus gibt es im Verlauf des Rennsteigs zahlreiche Bergwarthütten, wo bei Bedarf Erste Hilfe geleistet werden kann. Einige dieser Hütten sind allerdings nur am Wochenende besetzt.

🛏 Unterkunft und Verpflegung ✕

Entlang des Rennsteigs gibt es für jeden Geldbeutel und jeden Geschmack Unterkunftsmöglichkeiten. Sie reichen von 🛏 Hotels oder Pensionen über 🏚 Rennsteigbauden bis zu 🏠 Jugendherbergen.

🏚   Rennsteigbauden sind einfache Unterkünfte, oft mit Mehrbettzimmern, die direkt am Rennsteig oder in dessen unmittelbarer Nähe liegen. Es ist sinnvoll, Übernachtungen telefonisch anzumelden.

Im Folgenden sind nur Unterkunfts- und Verpflegungsmöglichkeiten genannt, die in direkter Nähe des Rennsteigs liegen. Sollten diese Unterkünfte ausgebucht sein, können über die Fremdenverkehrsämter (☞ Reise-Infos von A bis Z, Information) weitere Unterkünfte erfragt und gebucht werden. Die Übernachtungspreise gelten pro Person und Nacht, inklusive Frühstück.

☹   Oft wird für nur eine Nacht ein Aufschlag von € 2,50 bis € 3,50 pro Person erhoben. In Friedrichroda beispielsweise kommt noch einen Kurtaxe zum Übernachtungspreis hinzu.

Eisenach   ✉ 99817

✕ 🛏   Gasthaus/Pension Tor zum Rennsteig, Unterstr. 2-4, OT Hörschel, ☎ 036928/92699 Pension), ☎ 90605 (Gasthaus), täglich 🍴 10:00 oder nach Vereinbarung, Di Ruhetag, ⇨ km 0, € 20-25.

♦   Gasthaus/Pension Zur Guten Quelle, Hörscheler-Straße 14, OT Neuenhof, ☎ 036928/90375, FAX 96715, ✉ <Zur_guten_Quelle@t-online.de> 🖥 <www.landhotel-gute-quelle.de> Di-So 🍴 11:00-14:00 + ab 17:00, Mo RT, ⇨ km 1, ⇨ 1,2 km, € 15,30-23.

♦   Waldgasthaus Sängerwiese, Sängerwiese 1, ☎ + FAX 03691/203272, ganzjährig täglich 🍴, ⇨ km 12, ⇨ 1,2 km, € 20,45-23.

✕🏠   Jugendherberge, Mariental 24, ☎ 03691/743259, FAX 03691/743260, ✉ <jh-eisenach@djh-thueringen.de> täglich 🍴 (23.12.-27.12. geschlossen), € 14.

✕   Gaststätte Zum Clausberg, Rennsteigstr. 5, 99819 Clausberg, ☎ 03691/742247, täglich 🍴 ab 9:30, Mo Ruhetag, ⇨ km 8.

♦ Grill Hohe Sonne, Eisenach, ☎ 03691/732903, ⇨ km 15.

Ruhla   99842 📷 S. 69

✕ 🏠 Wanderherberge Hubertushaus, Ascherbrück 1, ☎ 036929/62134,
FAX 62136, täglich 🍴 ab 9:00, ⇨ km 19, € 24,50-33.

✕ 🛏 Hotel Waldhaus, Knaudtstr. 5, ☎ + FAX 036929/62293, täglich 🍴, ⇨ km 19,
⇔ 2 km, € 21 bis € 31.

♦ Hotel/Restaurant Arnstädter Hof, Karolinenstr. 18, ☎ 036929/88911,
FAX 88910, täglich 🍴, ⇨ km 21, ⇔ 2 km, € 21-34.

♦ Gasthof/Pension Zur Klause, Carl-Gareis-Str. 21, ☎ + FAX 036929/63485,
🍴 11:00-14:00 + ab 16:00, ⇨ km 21, ⇔ 2,5 km, bis € 20.

♦ Waldhotel Rennsteighof (neben Ruhlaer Skihütte), PF 1126, 36444 Bad
Liebenstein, ☎ 036929/6020, FAX 036929/602111, täglich 🍴 ab 11:00, ⇨ km
25, ⇔ 1,5 km, € 30-50.

Inselsberg / Brotterode   98599

✕ 🛏 Rennsteig-Pension Haus am Reitstein, Kl. Inselsberg 2, ☎ 036840/32494,
täglich 🍴 11:30-22:00, ⇨ km 34, € 15-30.

♦ Hotel-Gasthaus Kleiner Inselsberg, Grenzwiese, ☎ 036840/32453 +
☎ 32144, FAX 32142, April-Oktober: täglich 🍴 8:00-22:00, November-März:
täglich 9:00-19:00, ⇨ km 34, € 17-31.

♦ Pension Wetterwarte Kleiner Inselsberg/Grenzwiese, ☎ 036840/32405,
täglich 🍴, ⇨ km 34, € 18-28.

✕ 🏠 Jugendherberge Großer Inselsberg, Am Zainhammer 4, ☎ +FAX 036840/
32125, tägl. 🍴 (23.12.-27.12. geschl.), ⇨ km 33, € 11.

✕ Waldschenke Dreiherrenstein, ☎ 036840/31011, täglich 🍴 10:00-18:00, Do
Ruhetag, ⇨ km 28.

♦ Berggasthof Stöhr, Großer Inselsberg, ☎ + FAX 036840/32425, täglich
🍴 9:00-18:00, ⇨ km 33.

Friedrichroda   99894

✕ 🛏 Hotel/Berggasthof Tanzbuche, ☎ 03623/369900, täglich 🍴 7:30-23:00,
⇨ km 37, ⇔ 0,6 km, € 31-39.

♦ Hotel/Berggasthof Spießberghaus, ☎ 03623/363500, 🍴 täglich 7:30-23:00,
⇨ km 39, ⇔ 0,6 km, € 29-39.

♦ Historisches Restaurant/Pension Brauhaus anno 1895, Bachstr. 14,
☎ 03623/304259, FAX 307307, ⇔ 0,6, € 29.

✕ 🏠 Jugendherberge Friedrichroda, Waldstr. 25, ☎ 03623/304410, FAX 305003,
📧 <jh-friedrichroda@djh-thueringen.de> täglich 🍴
(21.12.-27.12. geschlossen), € 11.

Floh
☒ 98593

✕⌂ Berghotel Ebertswiese, Gothaer-Str. 53, Floh-Seligental, ☎ 03683/606451, täglich ◗, ⇨ km 44, ⇔ 0,2 km, ab € 22.

♦ Pension/Gaststätte Bergseebaude, An der Eberstwiese, ☎ 03683/65480, täglich ◗ 11:00-22:00 (November geschl.), ⇨ km 44, ⇔ 0,8 km, € 15-30.

♦ Pension Am Rennsteig, Nesselhof 30, ☎ 03683/606073, täglich ◗, Do Ruhetag, ⇨ km 46, ⇔ 0,8 km, € 22.

Oberhof
☒ 98559

✕⌂ Waldgasthof Schanzenbaude, Am Grenzadler 2, ☎ 036842/22278, FAX 20748, ✎ <schanzenbaude.eichholz@ t-online.de> 🖥 <www.schanzenbaude.de> täglich ◗, ⇨ km 61,5, € 31-39.

♦ Sporthotel Oberhof, Am Harzwald 1, ☎ 036842/2860, FAX 22595, täglich ◗ 6:00-22:00, ⇨ km 62,5, ⇔ 0,6 km, € 32-49.

♦ Suhler Hütte, ☎ 036845/50418 (Hüttenwart), täglich ◗ 10:00-16:00, Mo Ruhetag, ⇨ km 69, ⇔ 0,1 km, € 8-15 (ab 6-15 Personen im Gruppenschlafraum).

♦ Waldhotel Schmücke Am Rennsteig, 98559 Gehlberg, ☎ 036845/5880, FAX 58830, 🖥 <www.waldhotel-schmücke.de> täglich ◗ 8:00-22:00, Sa/So 8:00-24:00, ⇨ km 71, € 18-33.

✕⌂ Finnhütten am Rennsteiggarten, Rennsteiggarten, ☎ 036842/22178 (Herr Saueracker), täglich ◗ 9:00-19:00, ⇨ km 64, € 8.

✕ Rondell am Rennsteiggarten (Rastplatz mit Außenversorgung), Rennsteiggarten, täglich ◗, ⇨ km 64.

♦ Kiosk am Rondell, Rennsteiggarten, ☎ 036842/22257, täglich ◗, ⇨ km 64.

Frauenwald
☒ 98711

✕⌂ Waldhotel Rennsteighöhe (und Bunkermuseum), Am Rotenberg 1, ☎ 036782/62200, FAX 62201, täglich ◗ 8:30-22:00, ⇨ km 80, ⇔ 0,3 km, € 16-31.

♦ Cafe-Stube Spindler, Frauenwald-Allzunah, ☎ 036782/61360, ◗ 9:00-18:00, Mo Ruhetag, ⇨ km 82, ab € 18.

Neustadt am Rennsteig
☒ 98701

✕⌂ Hotel/Gasthof Hubertus, Rennsteigstr. 65, ☎ 036781/28842, täglich ◗, ⇨ km 89, € 23-31.

♦ Gasthof/Pension Schöne Aussicht, Rennsteigstr. 45, ☎ + FAX 036781/ 28825, täglich ◗ 9:00-21:00, ⇨ km 89, € 20,50-€ 25.

♦ Restaurant und Cafe Lusky, Rennsteigstr. 38, ☎ 036781/28880, täglich ◗ 11:00-22:00, ⇨ km 89, ab € 17,90.

◆ Landhaus Cafe Edelweis, Rennsteigstr.107, ☎ 036781/29401, ▯ Di-So 12:00-22:00, ⇨ km 89, € 23-€ 34.

◆ Zimmer-Vermietung Elli Eichhorn, Rennsteigstr. 60, ☎ 036781/28887, ▯ täglich, ⇨ km 89, € 15,30-€ 17,90.

Masserberg
☑ 98666

✕ ⛺ Kur- und Sporthotel Garni Am Badehaus, Hauptstr.10-14, ☎ 036870/24900, FAX 249333, täglich▯, ⇨ km 98, € 23-39.

◆ Gasthof Zum Breitenborn, Hauptstr. 32, ☎ 036870/57211, FAX 57215, ▯ Mai-Oktober täglich 10:00-23:00, ⇨ km 98, € 28-31.

◆ Hotel/Restaurant Schöne Aussicht, An der schönen Aussicht 3, ☎ 036870/59059, FAX 59060, ▯ 11:30-14:00 + 17:00-22:00, ⇨ km 98, € 20-30.

◆ Pension Uschi, Badstr. 3, ☎ 036870/5710, FAX 036870/57110, ▯ täglich, ⇨ km 98, € 23-€ 28.

◆ Gaststätte Zur Sommerwand, Hauptstr. 88, ☎ + FAX 036870/50254, ▯ Mo-Mi + Fr 14:00-22:00, Sa + So 11:30-22:00, Do Ruhetag, ⇨ km 98, € 23-28.

◆ Pension Heidi, Neustädter Str., ☎ 036870/50051, FAX 50015, ▯ täglich, ⇨ km 98, € 20,50-€ 25,60.

✕ Turmbaude am Rennsteig, ☎ 036870/50215, ⇨ 98,8.

Friedrichshöhe
☑ 98749

✕ ⛺ Gasthof und Pension Zum Rennsteig, ☎ 036704/80659, ▯ täglich 8:00-21:00, Di Ruhetag, ⇨ km 105, ⇔ 0,3 km, ab € 19.

◆ Heubad/Pension und Gasthaus Arnika, Dorfstr. 19, ☎ 036704/80621, FAX 80214, ▯ täglich, ⇨ km 105, € 25-30.

Siegmundburg
☑ 98749

✕ ⛺ Pension - Haus Werraquelle, Oberland 8, ☎ 036704/8830, FAX 88311, täglich ▯ , ⇨ km 107, ⇔ 0,2 km, € 25-33.

Scheibe-Alsbach
☑ 98749

✕ ⛺ Pension und Gaststätte Alsbachberg, Hauptstr. 4, ☎ + FAX 036704/80267, täglich ▯ 11:00-22:00, Di Ruhetag, ⇨ km 110, ⇔ 0,1 km, € 25-34.

Limbach
☑ 98749

✕ ⛺ Gasthof Thomas Müntzer, Neumannsgrund, ☎ + FAX 036704/80366, ▯ täglich, Mo Ruhetag, ⇨ km 110, ⇔ 2 km, € 19-34.

◆ Elkes Jägerstube, Neumannsgrunder Str. 6, Limbach, ☎ 036704/80193, ▯ täglich, ⇨ km 110, € 13-17.

Steinheid
📇 98749

✗ 🛏 Sport- und Erholungszentrum Petersberg, Schanzweg 17, ☎ 036704/ 70882,
FAX 70883, 📧 <Info@Sportpension-Petersberg.de> Mo-Fr 🕐 11:00-14:00 +
17:30-22:00, Sa 11:00-22:00, So 10:00-21:00, ⇨ km 111, ⇔ 0,3 km, € 21-31.

Neuhaus am Rennweg
📇 98724

✗ 🛏 Rennsteighotel Herrnberger Hof, Eisfelder Str. 44, ☎ 03679/79200,
FAX 792099, 📧 <rennsteighotel@ t-online.de> 🖥 <www.rennsteighotel.de>
täglich 🕐 8:00-24:00, ⇨ km 116, € 38-64.

♦   Hotel An der alten Porzelline, Eisfelder Str.16, ☎ 03679/724041-43,
FAX 724044, täglich🕐, ⇨ km 119, ⇔ 0,1 km, € 28-43.

✗ 🏠 Jugendherberge, Apelsbergstr. 54, ☎ 03679/722862, FAX 700384, 🕐 täglich
(21.12.-28.12. geschlossen), € 11.

Spechtsbrunn
📇 98743

✗ 🛏 Gasthof Peterhänsel, Sonneberger Str. 21, ☎ + FAX 036703/81191, 🕐 täglich, ⇨ km 128, ⇔ 0,3 km, ab € 23.

♦   Gasthaus/Pension Am Rennsteig, Sonneberger Str. 2, ☎ 036703/80389,
FAX 81465, täglich 🕐 ab 9:00, Mi Ruhetag, ⇨ km 128,5, ab € 20.

✗   Berggasthaus Zur Kalten Küche, ☎ 036703/80359, täglich 🕐 ab 14:00, bzw.
nach Vereinbarung, ⇨ km 129,5.

Steinbach am Wald
📇 96361

✗ 🛏 Hotel-Gasthof Rennsteig, Rennsteigstr. 33, ☎ 09263/9480, FAX 948100, täglich 🕐, ⇨ km 140, € 16-€ 26.

Brennersgrün
📇 07349

✗ 🛏 Gasthaus & Pension Zum grünen Wald, ☎ 036652/25922, täglich 🕐 8:00-
14:00 + 17:00-22:00, Mo Ruhetag, ⇨ km 148, € 22-26.

♦   Pension Färber, Ortsstr.14, ☎ 036652/22889, tägl. 🕐, ⇨ km 148, ab € 18.

Grumbach
📇 07343

✗ 🛏 Gasthaus Zum Frankenwald, ☎ 036652/22832, 📧 <Sven.Neukirchner@
Firemail.de> täglich 🕐 ab 9:30, ⇨ km 151, ⇔ 0,5 km, € 16-21.

♦   Gasthof Grumbacher Bauernstube, Ortsstr. 27, ☎ + FAX 036652/22278, täglich 🕐 11:00-23:00, ⇨ km 151, ⇔ 0,5 km, € 20-25.

Rodacherbrunn
📇 07343

✗ 🛏 Schankwirtschaft Mareile am Rennsteig, ☎ 036652/22012, täglich 🕐 ab
9:00, ⇨ km 154, € 10.

◆   Getränkeverkauf, Rodacherbrunn Nr. 4, ☎ 036652/22233, 🗓 Mo-Fr 16:30-18:30, Sa + So 9:30-11:30, ⇨ km 154.

Wurzbach   07343

✕ 🛏 Landgasthaus und Pension Heinrichsort, Wurzbach-Heinrichsort, ☎ + FAX 036652/22920, 🖥 <www.landgasthaus-heinrichsort.de> täglich 🗓 ab 11:00, Di Ruhetag, ⇨ km 152, ⇔ 2 km, € 21-23.

Schlegel   07366

✕   Gaststätte Am Rennsteig, ☎ 036642/22296, Mo-Fr 🗓 ab 11:30, Sa + So ab 10:00, Mi Ruhetag, ⇨ km 161.

Blankenstein   07366

✕ 🛏 Gasthaus Rennsteig, Lobensteiner Str. 3, ☎ 036642/22230, FAX 23907, täglich 🗓 ab 11:00, Mo Ruhetag, ⇨ km 168, € 22,50-€ 25.

◆   Pension Rennsteig, August-Bebel-Str. 3, ☎ 036642/22595, 🗓 täglich, ⇨ km 168, ab € 18.

Touren-
vorbereitung

Anforderungen

Eine Runst kann in nahezu jedem Alter und mit unterschiedlichster körperlicher Vorbereitung unternommen werden. Der große Vorteil des Thüringer Waldes liegt darin, daß er über eine hervorragende Infrastruktur verfügt. Die zahlreichen Unterkunfts- und Verpflegungsmöglichkeiten erlauben, den Rennsteig in beliebige Etappenlängen einzuteilen (☞ Tourenvorbereitung, Tourenplanung). Die 168,3 km des Rennsteigs können in fünf, sechs, acht oder zehn Tagen absolviert werden. Die täglich zu bewältigende Kilometerleistung variiert also zwischen ungefähr 15 und 35 km.

Organisierte Rennsteigwanderungen

Mit Hilfe der Informationen in dem vorliegenden Führer sollte das Selbst-Organisieren einer individuellen Rennsteigwanderung eigentlich kein Problem sein. Es gibt aber auch zahlreiche Reise-Veranstalter, die Interessenten unter dem Motto "Wandern ohne Gepäck" Planung, Durchführung, Gepäcktransfer und andere "Probleme" abnehmen und für einen reibungslosen Ablauf sorgen.

Unzählige Hotels, Gasthäuser und Pensionen am Rennsteig und in Rennsteig-nähe bieten dem Gast eine Unterkunft mit täglichem Personentransfer zum Start der jeweiligen Wanderetappe und Abholung von beliebigen Punkten der Etappe an. Dabei arbeiten oft mehrere Beherbergungsbetriebe zusammen und reichen den Rennsteigwanderer etappenweise weiter. Auch hier helfen die Fremdenverkehrseinrichtungen mit entsprechenden Informationen.

Ausrüstung

Generell gilt, daß auch auf dem Rennsteig eine funktionelle Bekleidung und gutes Schuhwerk Grundvoraussetzung ist.

Wer sich über eine "funktionelle Bekleidung" und das "passende Schuhwerk" für eine Runst informieren möchte, der kann sich kompetente Beratung in geeigneten Ourdoorläden einholen oder sich das Wissen anlesen.

📖 "Ausrüstung 1 - Von Kopf bis Fuß", Basiswissen für Draußen, Outdoor-Handbuch Band 100, Dr. S. M. Deutschmann & J. Schinabeck, 155 Seiten, 10 Abb., 24 Illus., Conrad Stein Verlag, ISBN 3-89392-500-7, € 7,90.

♦   "Ausrüstung 2 Camp und Küche", Basiswissen für Draußen, Outdoor-Handbuch Band 101, Dr. S. M. Deutschmann & J. Schinabeck, 156 Seiten, 10 Abb.,20 Illus., Conrad Stein Verlag, ISBN 3-89392-501-5, € 7,90.

Die benötigte Ausrüstung hängt von der Art der Runst ab.

▷   Wer einen der zahlreichen Gepäcktransporte nutzt, der muß nur regenfeste Kleidung, sowie etwas zu Essen und zu Trinken mitnehmen.

▷   Wer nicht in der Hauptsaison unterwegs ist oder sich rechtzeitig ein Quartier reserviert hat, der benötigt nur einen kleinen Rucksack (max. 45 Liter), um zwei bis drei Garnituren sowie die regenfeste Kleidung und die Verpflegung einzupacken. ☺ Einen Regensack für den Rucksack nicht vergessen!

▷   In der Hauptsaison (April bis Juni sowie September und Oktober) ist es erforderlich, entweder die Unterkünfte vorzubuchen, oder ein kleines Zelt oder einen Biwak-Sack plus Schlafsack und Isomatte mitzunehmen. Zahlreiche Schutzhütten, teilweise mit Rindenmulch oder Sägespäne ausgelegt, laden zum Biwakieren ein.

Im Folgenden sind die Ausrüstungsgegenstände aufgelistet, die sich bei der letztjährigen Runst im September bewährt haben.

♦   Rucksack (40-45 Liter)
♦   Funktionsjacke (wasserdicht + atmungsaktiv)
♦   Regenponcho
♦   Überhose (wasserdicht + atmungsaktiv)
♦   1 Fleecejacke
♦   Notizbuch
♦   2 T-Shirts (Kunstfaser)
♦   Waschzeug
♦   Kunstfaser-Trekkinghose (lang)
♦   1 Rolle Toilettenpapier
♦   Kunstfaser-Trekkinghose (kurz)
♦   Medikamente
♦   1 dünne, leichte Hose
♦   Landkarten (in wasserfesten Kartenhüllen)
♦   Unterhosen (Kunstfaser)
♦   Kamera/Filme
♦   2 Paar Wandersocken
♦   Multifunktionswerkzeug / Taschenmesser

- 2 Paar Unterziehsocken
- 1,5-Liter-Getränkeflasche
- Wanderschuhe
- Biwaksack
- Trekkingsandalen / Turnschuhe
- Schlafsack (bis 5°C)
- Mütze / Kopftuch
- Isoliermatte
- Sonnenbrille
- evtl. Teleskopstöcke mit Ersatzteilen
- Sonnencreme
- ... und natürlich dieses OutdoorHandbuch!

Rucksack-Apotheke

Auch bei kleineren Wanderungen ist es eine Selbstverständlichkeit, daß zumindest ein Gruppenmitglied eine kleine "Erste Hilfe"-Tasche dabei hat. Für Mehrtagestouren wie die Runst sollte die "Erste-Hilfe"-Tasche auch andere Eventualitäten abdecken.

Für mehrtägige Touren

- Taschenmesser
- 2-5 sterile Kompressen, 10x10 cm
- Pflaster (Wundpflaster und Tape)
- Dreieckstuch, elastische Binde
- mind. 2 Verbandspäckchen (groß und klein) mit steriler Wundauflage
- Einmal-Handschuhe
- Schmerzmittel
- Oberflächendesinfektionsmittel
- Rettungsdecke
- Schreibzeug Trillerpfeife (für die Alarmierung)
- Blasenpflaster
- persönliche Medikamente
- evtl. Medikamente zur Behandlung von:
  - Kreislauf
  - Erkältung
  - Halsschmerzen
  - Durchfall
  - Verstopfung
  - Krämpfen
  - Augenerkrankungen

Darüber hinaus ist es ratsam, über Grundkenntnisse in Erster Hilfe zu verfügen und Symptome körperlicher Probleme sowie deren Ursachen rechtzeitig und richtig zu erkennen. Nur so ist eine sinnvolle Hilfe möglich.

📖   "Erste Hilfe", Basiswissen für Draußen, OutdoorHandbuch Band 39, Martin Schepers, 116 Seiten, 50 Illustrationen. Conrad Stein Verlag, ISBN 3-89392-139-7, € 7,90.

♦   "Doc Holiday", Basiswissen für Draußen, OutdoorHandbuch Band 108, Dr. Walter Rose, 109 Seiten, 22 Illustrationen. Conrad Stein Verlag, ISBN 3-89392-508-2, € 6,90.

Verpflegung

Am Rennsteig gibt es genügend Möglichkeiten, etwas zu Trinken oder etwas Herzhaftes zu Essen zu kaufen - deshalb sollten in den Rucksack nur ein paar Kleinigkeiten gegen den akuten Hunger (Nüsse, Studentenfutter oder Müsli-Riegel) sowie maximal 1 Liter Getränk eingepackt werden.

📖 Karten

Da der Thüringer Wald und das Thüringer Schiefergebirge ein "Wander-Eldorado" sind, ist es naheliegend, daß es von zahlreichen Verlagen Karten gibt.

Wanderern, die "nur" am Rennsteig interessiert sind, seien zwei spezielle Karten empfohlen, beide im Maßstab 1:50.000.

♦   "Rennsteig" vom Kompaßverlag; ein großes Kartenblatt mit vielen zusätzlichen Informationen zum Rennsteig, ISBN 3-85491-616-7.

♦   "Rennsteig" eine spezielle Wanderkarte aus fünf topografischen Kartenblättern des Thüringer Landesvermessungsamts im Maßstab 1:50.000, ISBN 3-86140-170-3. Das Besondere an dieser Kartenserie ist, daß die einzelnen Kartenblätter nicht die Größe eines normalen topografischen Kartenblattes haben, sondern direkt den Rennsteigverlauf auf kleinen Ausschnitten von 10,5 x 22,5 km darstellen. Die Ausrichtung dieser Kartenblätter hält sich nicht strikt am Nord-Süd-Raster sondern folgt dem Verlauf des Rennsteigs. Die daraus resultierende Kartenserie ist extrem kompakt und sehr leicht.

Speziell auf die Belange von Wanderern haben sich darüber hinaus folgende Landkartenverlage spezialisiert:

♦   Der Grünes Herz Verlag für Tourismus, Ilmenau gibt regionale Wanderkarten im Maßstab 1:30.000 heraus. Die Kartenblätter "Eisenach und Ruhla",

"Friedrichroda, Brotterode, Finsterbergen, Tabarz", "Schmalkalden und Steinbach-Hallenberg", "Oberhof und Zella-Mehlis", "Schmiedefeld, Frauenwald, Stützerbach", "Neustadt, Großbreitenbach und Masserberg" sowie "Neuhaus, Lauscha, Steinach" decken den Rennsteigverlauf von Hörschel bis kurz vor Spechtsbrunn ab und enthalten viele Infos zu Sehenswürdigkeiten sowie Einkehr und Unterkunft. Alle Karten sind auf dem aktuellen Stand. Leider fehlt aus dieser Kartenserie das letzte Stück des Rennsteigs von Spechtsbrunn nach Blankenstein. Dieser Abschnitt ist allerdings im Verlag Landkarten Fritsch erhältlich (s.u.).

◆ Der Verlag Landkarten Fritsch, 95010 Hof/Saale gibt ebenfalls regionale Wanderkarten im Maßstab 1:35.000 und 1:50.000 heraus. Für den fehlenden Abschnitt von Spechtsbrunn bis unmittelbar vor Rodacherbrunn ist als Einzelkarte die Fritsch-Wanderkarte Nr. 48 "Naturpark Thüringer Schiefergebirge - Obere Saale-Saeletalsperren" empfehlenswert.

Wer einen größeren Überblick über den Thüringer Wald haben möchte, kann sich "normale" topografische Karten des Thüringer Landesvermessungsamts im Maßstab 1:50.000 kaufen.

Generell gilt, daß auf den oben genannten Wanderkarten im Maßstab 1:30.000 oder 1:35.000 rechts und links vom Rennsteig mehr dargestellt ist als bei den zwei speziellen "Rennsteig"-Karten, dieser Vorteil muß aber mit wesentlich mehr Gewicht erkauft werden.

Reisezeit

Die klassischen Zeiten für Rennsteigwanderungen sind Mai/Juni und September/Oktober denn in diesen Monaten ist das Wetter relativ konstant und es ist mit wenig Niederschlägen zu rechnen. Der Nachteil einer Runst in der "Hauptsaison" ist allerdings, daß bei absehbar gutem Wetter in diesen Zeiten täglich bis zu 200 Wanderer pro Etappe auf dem Rennsteig unterwegs sind.

Im Mai/Juni sowie im September/Oktober sollten aus diesem Grund Unterkünfte unbedingt vorgebucht oder ein Biwak eingeplant werden.

Im Juli und August ist regelmäßig mit Abendgewittern zu rechnen. Wer sich durch einen "kurzen Guß" aber nicht abschrecken läßt, der kann auch in den zwei warmen Sommermonaten eine Runst vornehmen, da der Rennsteig über lange Strecken im Wald verläuft, der ausreichend Schatten spendet.

✋   Ganzjährig gilt allerdings, daß in den Hochlagen des Thüringer Waldes relativ häufig schlechtes Wetter oder Nebel anzutreffen ist.

Wegezustand

Wegen der Beliebtheit des Rennsteigs und damit verbunden der großen Anzahl an Wanderern, muß von den Mitarbeitern des Staatsforst, teilweise auch durch ABM-Maßnahmen, der Rennsteig gepflegt und gut befestigt werden, damit keine Erosionschäden auftreten.

Der Rennsteig führt insofern größtenteils über mehr oder weniger befestigte Wege (ausgetretene, teilweise befestigte Pfade oder Feldwege bis hin zu geschotterten Waldwegen) über Wiesen und durch Wälder. Einige Streckenabschnitte verlaufen allerdings auch auf asphaltierten Straßen. Letzteres trifft erwartungsgemäß in den Ortschaften zu, die durchquert werden müssen. Einige wenige Abschnitte des Rennsteigs befinden sich noch in ihrem ursprünglichen Zustand. Dort verläuft der Rennsteig dann in urwüchsigen Hohlwegen oder führt über kleine, verschlungene Pfade durch Dickicht.

In diesem Zusammenhang sei auf einen Beitrag in der Rennsteig-Zeitschrift "Das Mareile", Neue Folge, 8. Jahrgang Nr. 3 hingewiesen: *"... in den Fremdenverkehrsbüros Lehesten und Blankenstein gingen im April 2001 anonyme Schreiben zum Wegezustand des Rennsteigs im Bereich Lehesten ein: u.a. forderten diese anonymen Schreiber dazu auf, "diesen üblen Weg" ganz zu meiden und die Strecke von Steinbach a. W. in Richtung Osten überhaupt nicht zu begehen: "Es wird jedem Wanderer empfohlen, in Steinbach a. W. umzukehren."* Dabei kann gerade in diesem Teil noch ein Stück Original-Rennsteig begangen werden, auf den noch das Gedicht von V. v. Scheffel (1863) zutrifft:

> *"Auf Bergesscheiteln läuft ein alt Geleise,*
> *Oft ganz verdeckt von Farnkrautüberschwang, ...*
> *Durch Laubgehölz und Tannendunkel zieht er*
> *Und birgt im Dickicht seinen scheuen Lauf, ...*

Leider sind solche Abschnitte im "Original"-Zustand selten geworden. Zwar wurde seit 1994 der Rennsteig zahlreichen positiven Maßnahmen (schöne Rastplätze, neue Schutzhütten, neue Aussichtspunkte und vor allem größtenteils vorbildliche Ausschilderungen), aber auch "Verschlimmbesserungen" (= neue Wegabschnitte, die mit aufwendigen ABM-Maßnahmen "saniert", d.h. mit Rindenmulch oder Sägespänen komplett geebnet wurden oder gar zu breitspurigen "Autobahnen" ausgebaut wurden) unterworfen. Diese letztgenannten Maßnahmen mögen zwar das Wandern erleichtern - der Rennsteig verliert dadurch allerdings seinen urtümlichen Charakter. Umso lobenswerter ist es, wenn auf einigen Etappen der Rennsteig als Hohlweg erhalten bleibt, auch wenn das Wandern dort beschwerlicher ist.

Im Rahmen dieser Sanierungsmaßnahmen wurde seit 1994 die Streckenführung des Original-Rennsteigs teilweise verlegt, um den Wanderweg von befahrenen Straßen fernzuhalten, da an Stelle des Original-Rennsteigs inzwischen teilweise Land- oder Bundesstraßen gebaut wurden. Dieser Prozeß ist vor allem im südöstlichen Teil des Rennsteigs immer noch im Gange. Solche Maßnahmen, selbst wenn dann nicht mehr der Original-Rennsteig bewandert wird, wird jeder Renner der die 2 km zwischen dem "Roten Turm" und Steinbach am Wald absolviert hat, befürworten, denn diese 2 km laufen direkt neben der stark befahrenen Frankenwald Hochstraße entlang.

Wanderung von West nach Ost oder von Ost nach West?

Die meistgestellte Frage ist die nach der Richtung einer Runst: "Von West nach Ost, also von Hörschel nach Blankenstein oder umgekehrt von Ost nach West?" Es gibt einige Aspekte, die für einen Start in Hörschel sprechen:

▷   Soll die Runst gleich am Anreisetag beginnen (Hörschel ist fast zu jeder Tages- und Nachtzeit sehr gut mit öffentlichen Verkehrsmitteln erreichbar), bietet sich die Halbtagesetappe von Hörschel bis zur Hohen Sonne an. Die Buslinie zum Wanderparkplatz "Hohe Sonne" ermöglicht nach dieser Halbtagesetappe eine Rückfahrt nach Eisenach sowie am nächsten Morgen die Fahrt zurück zur "Hohen Sonne".

▷   Wer in Eisenach die Wartburg besichtigen möchte, der kann die erste Tageshälfte für diese Aktivität nutzen und am Nachmittag die Halbtagesetappe bis zur Hohen Sonne absolvieren.

▷   Wer schönes Wetter abpassen kann, der sollte ebenfalls in Hörschel starten, denn dann kann der interessantere nordwestliche Streckenabschnitt über den Kamm des Thüringer Waldes garantiert bei schönem Wetter gewandert werden.

Rennsteig - Streckenübersicht

In den letzten Jahren wurden an manchen Stellen alternative Streckenführungen parallel zu Straßen angelegt, so daß vor allem auf den südöstlichen Etappen des Rennsteigs, wo dieser Prozeß noch im Gange ist, in Zukunft leichte Abweichungen von den Streckenangaben auftreten können. Im Folgenden ist der Rennsteig in zehn typischen Abschnitten von jeweils ungefähr 15-20 km Länge charakterisiert:

▷   Der erste, knapp 15 km lange Abschnitt von Hörschel zur Hohen Sonne besteht aus relativ leichten An- und Abstiegen. Er führt durch Hügelland mit ausgedehnten Feldern, Wiesen und Weiden. Der größte Anstieg von Hörschel hinauf zur Tyroler Platte (179 m Höhendifferenz auf 3,4 km) ist gleich zu Beginn zu bewältigen. Auf den restlichen 11 km zur Hohen Sonne werden nur noch 59 Höhenmeter gewonnen, selbst wenn zwischendurch zahlreiche kleine Kuppen überschritten werden müssen.

▷   Der zweite, rund 20 km lange Abschnitt von der Hohen Sonne zur Grenzwiese ist sicherlich eine der anstrengendsten Wegstrecken. Sie führt in die Höhenlagen des Thüringer Waldes und es müssen vor allem in der zweiten Hälfte dieser Etappe ab Ruhla zahlreiche große Anstiege bewältigt werden. An anstrengenden Anstiegen sind vor allem zu nennen: der Anstieg zum Gerberstein (⇧ 729 m), zum Großen Weißenberg (⇧ 747 m), zum Oberen Beerberg (⇧ 841 m) und nicht zuletzt zum Großen Inselsberg (⇧ 916 m), der erst ganz zum Schluß der Etappe überschritten werden muß.

▷   Der dritte, ausnahmweise nur 10 km lange Abschnitt von der Grenzwiese zur Ebertswiese ist wiederum etwas erholsamer. Die Höhenlagen schwanken moderat zwischen 807 m, dem höchster Punkt des Abschnitts auf dem Trockenberg, und 688 m, dem tiefsten Punkt des Abschnitts am Heuberghaus.

▷   Der vierte, fast 20 km lange Abschnitt von der Ebertswiese zum Rondell bei Oberhof führt durch nahezu reine Fichtenforsten über die Kammlagen des Thüringer Waldes. Da das Gebirge immer breiter wird, sind kaum noch Ausblicke auf das Vorland möglich. Die Sicht reicht zumeist nur bis zu weiteren Gipfeln in Kammnähe. Die Strecke ist anfangs noch moderat, dann folgen allerdings beträchtliche Anstiege zur Schmalkalder Loibe (⇧ 881 m). Danach liegt kein Punkt dieser Etappe mehr unterhalb 800 m.

▷   Der fünfte, rund 15 km lange Abschnitt vom Rondell zum Bahnhof Rennsteig enthält anfangs noch ein paar kleine Anstiege, bis dann mit dem Großen

Luthers Unterkunft in der Wartburg (S. 40)

Die Ziehbrücke am Eingang zur Wartburg

Beerberg (⇧ 983 m) und der dort befindlichen Plänchners Aussicht der höchste Punkt der Rennsteigwanderung erreicht wird. Auf der 5,3 km langen Strecke zwischen Rondell und Großem Beerberg gewinnt der Rennsteig gerade 150 m an Höhe. Danach verliert der Rennsteig sanft aber stetig an Höhe; auf den folgenden 10 km bis zum Bahnhof Rennsteig sind es 236 m.

▷   Der sechste, rund 20 km lange Abschnitt zwischen Bahnhof Rennsteig und Masserberg bewegt sich immer zwischen 700 m und 830 m Höhe, wobei die einzelnen Anstiege moderat sind.

▷   Der siebte, rund 20 km lange Abschnitt zwischen Masserberg und Neuhaus am Rennweg bewegt sich zwar auch zwischen 737 m und 841 m Höhe, die Anzahl an An- und Abstiegen nimmt aber deutlich zu und vor allem die Höhendifferenzen sind größer als bei der letzten Etappe. Der Rennsteig verläßt auf dieser Etappe den Thüringer Wald und betritt das Thüringer Schiefergebirge. Besonders hervorzuheben sind auf dieser Etappe die zahlreichen Grenzsteine.

▷   Der achte, rund 14 km lange Abschnitt zwischen Neuhaus am Rennweg und der Schildwiese zeichnet sich nur durch einen leichten Anstieg sowie einen etwas längeren Abstieg aus. Nachdem die Bahngleise bei Ernstthal überschritten wurden, steigt der Rennsteig nochmals auf 831 m an (Laubeshütte), dann nimmt die Höhe allerdings zur Schildwiese hin stetig ab.

▷   Der neunte, rund 22 km lange Abschnitt zwischen der Schildwiese und Rodacherbrunn, weist keinerlei größeren Anstiege mehr auf. Der Rennsteig verläuft nahezu eben zwischen 650 m und 730 m Höhe.

▷   Der zehnte und letzte, rund 14 km lange Abschnitt zwischen Rodacherbrunn und Blankenstein führt langsam, wenn auch nicht ohne größere An- und Abstiege in das Tal der Saale hinab. Anfangs geht der Rennsteig sogar noch einmal auf den Lobensteiner Kulm (⇧ 729 m) hinauf, um dann auf den letzten Kilometern teilweise steil hinab nach Kießling (⇧ 565 m) und weiter hinab nach Blankenstein (⇧ 414 m) zu führen.

Tourenplanung

Im Folgenden sind die gängigen Rennsteigvarianten mit Angabe der Länge der täglich zu absolvierenden Etappen und die Ausgangs- und Endpunkte der täglichen Etappen genannt:

▷ **5 Etappen: die "Renner-Variante"**

1. Etappe: Hörschel - Großer Inselsberg	33 km
2. Etappe: Großer Inselsberg - Oberhof	31 km
3. Etappe: Oberhof - Masserberg	35 km
4. Etappe: Masserberg - Spechtsbrunn*	32 km
5. Etappe: Spechtsbrunn - Blankenstein	38 km

▷ **6 Etappen: die "klassische Pfingstrunst"-Variante**

1. Etappe: Hörschel - Großer Inselsberg	33 km
2. Etappe: Großer Inselsberg - Oberhof	31 km
3. Etappe: Oberhof - Neustadt a.R.	25 km
4. Etappe: Neustadt a.R. - Limbach	22 km
5. Etappe: Limbach - Steinbach am Wald	29 km
6. Etappe: Steinbach am Wald - Blankenstein	29 km

▷ **8 Etappen: beliebteste Variante**

1. Etappe: Hörschel - Ruhla Ascherbrück	19 km
2. Etappe: Ruhla - Heuberghaus	19 km
3. Etappe: Heuberghaus - Oberhof Grenzadler	23 km
4. Etappe: Oberhof - Bhf. Rennsteig**	19 km
5. Etappe: Bhf. Rennsteig - Masserberg	20 km
6. Etappe: Masserberg - Ernstthal (Neuhaus) *	24 km
7. Etappe: Ernstthal - Brennersgrün*	25 km
8. Etappe: Brennersgrün - Blankenstein	20 km

▷ **10 Etappen: "Genießertour" - Abstecher zu den zahlreichen neben dem Rennsteig gelegenen Punkten sind möglich**

1. Etappe: Hörschel - Hohe Sonne**	15 km
2. Etappe: Hohe Sonne - Grenzwiese	19 km
3. Etappe: Grenzwiese - Ebertswiese	11 km
4. Etappe: Ebertswiese - Rondell*	19 km
5. Etappe: Rondell - Schmücke	8 km
6. Etappe: Schmücke - Neustadt a.R.	17 km
7. Etappe: Neustadt a.R. - Limbach	22 km
8. Etappe: Limbach - Kalte Küche**	20 km
9. Etappe: Kalte Küche - Rodacherbrunn*	26 km
10. Etappe: Rodacherbrunn - Blankenstein	14 km

*   nur begrenzte Übernachtungsmöglichkeiten, daher ist eine Reservierung dringend empfohlen (evtl. Etappenverlängerung oder Transfer nötig)

** am Etappenziel keine Unterkunft möglich - Transfer oder Etappenverlängerung erforderlich

Das "Baukastensystem" des vorliegenden Buches ermöglicht eine individuelle
Tourenplanung. ☺ Eine gute Tourenplanung ist nur mit topografischen Karten
möglich (☞ Reise-Infos von A bis Z, Karten). Der Maßstab der Karten muß min-
destens 1:50.000 betragen. In den genannten Kartenblättern ist der Rennsteig
eingezeichnet.

Wandertempo

Die Planung der täglich zurückzulegenden Strecke muß die Topografie berück-
sichtigen. Bergab ist eine Marschleistung von etwa 1,5-5 km pro Stunde möglich
(nur gut trainierte Wanderer schaffen 6 km pro Stunde). Bergauf reduziert sich die
Marschleistung auf 1,5-3 km pro Stunde. Diese Angaben sind allerdings nur
grobe Richtlinien. Je nach Trainingszustand, Witterungsbedingungen, Gepäck-
menge und vor allem Wegbedingungen können diese Angaben stark variieren.
Selbst gut vorbereitete und trainierte Wanderer erreichen bergauf bei schlechten
Rahmenbedingungen die 3 km pro Stunde nur mit Mühe. Bei aller Planung sollte
eher die untere als die obere stündliche Marschleistung zugrunde gelegt werden,
zumal auch Pausen die durchschnittliche stündliche Marschleistung deutlich ver-
ringern.

Blick auf Ruhla (S. 51)

Schönes Fachwerkhaus in Ruhla

Befestigter Wegabschnitt in der Umgebung von Masserberg (S. 103)

Die Rennsteig-wanderung von Hörschel nach Blankenstein

Bevor auf den folgenden Seiten der Rennsteig beschrieben wird, noch einige Information vorab:

Wegmarkierung

Der Rennsteig ist während seines Verlaufs über den Kamm des Thüringer Waldes mit vier verschiedenen Markierungen gekennzeichnet:

▷   **Mareile** - weißes "R" an Bäumen und Steinen: Am meisten wird die sogenannte Mareile verwendet.

▷   **Andreaskreuz** - blaues Kreuz auf weißem Grund: Es stammt noch aus DDR-Zeiten. Früher gab es einen Erzgebirgskammweg, der von der Elbe bis zum Hainberg, also auch durch das Vogtland, verlief und mit einem blauen, vierzinkigen Kamm markiert war. Dieser Weg traf über einen Verbindungskamm (Ach bis Blankenstein) auch auf den Rennsteig. Mit der Teilung Deutschlands wurde dieser Weg allerdings zerschnitten. Als Ersatz wurde der Wanderweg "Werningerode - Zittau" (vom Harz über den Thüringer Wald und das Erzgebirge bis zur Neiße) geschaffen. Dieser, mit "Andreaskreuz" markierte Weg, wurde 1983 zum "Eisenach - Budapest-Weg" verlängert. Vereinzelt sind daher auch noch Hinweise mit "EB" in roten Buchstaben für den "Eisenach - Budapest-Weg" zu sehen.

▷   **Rennsteig-Wegweiser:** Weit verbreitet sind auch Wegweiser, bei denen auf grünem Grund mit gelber oder weißer Schrift "Rennsteig" geschrieben steht.

▷   **Hölzerne Markierungstafeln**: An wenigen Stellen ist der Rennsteig mit sehr aufwendigen, hölzernen, geschnitzten Markierungstafeln ausgeschildert. Die Schriftzüge sind in diesen Fällen zumeist: *Der Rennsteig - R - Höhenweg des Thüringer Waldes*.

    Der Rennsteig ist im ersten Teil, von der Hohen Sonne bis nach Neuhaus am Rennweg, mit den eigentlichen Rennsteig-Markierungen (Rennsteig-Wegweiser und "Mareile") <u>und</u> dem blauem Andreaskreuz markiert. Hinter Neuhaus am Rennweg hingegen kommen nur noch Rennsteig-Wegweiser und "Mareile" vor.

Außerhalb der Ortschaften sind die Abstände zwischen den einzelnen Markierungen so eng, daß es kaum möglich ist, sich zu verlaufen. In Dörfern und Städten ist oft etwas Spürsinn erforderlich.

Unterkunft und Verpflegung

Im Text werden alle Unterkünfte und Verpflegungsmöglichkeiten aufgeführt, die direkt am Rennsteig liegen. Die Info zu diesen Unterkünften/Restaurants ist allerdings auf ein Minimum beschränkt (Name, Ruhetag und Telefonnummer zur Reservierung), da eine ausführliche Information zu den einzelnen Unterkünften bei ☞ Reise-Infos von A bis Z, Unterkunft und Verpflegung aufgeführt ist. Die zahlreichen, abseits vom Rennsteig liegenden Talorte sind nicht berücksichtigt. Informationen zu Unterkunftsmöglichkeiten in diesen Orten sind bei den unter ☞ Reise-Infos von A bis Z, Information angegebenen Fremdenverkehrsämtern zu erfragen.

Die Route

▷   **Ausgangspunkt:** Da ich bereits mehrfach Wanderungen auf dem Rennsteig in Hörschel begonnen habe, wurde auch für die Wegbeschreibung Hörschel als Ausgangspunkt gewählt.

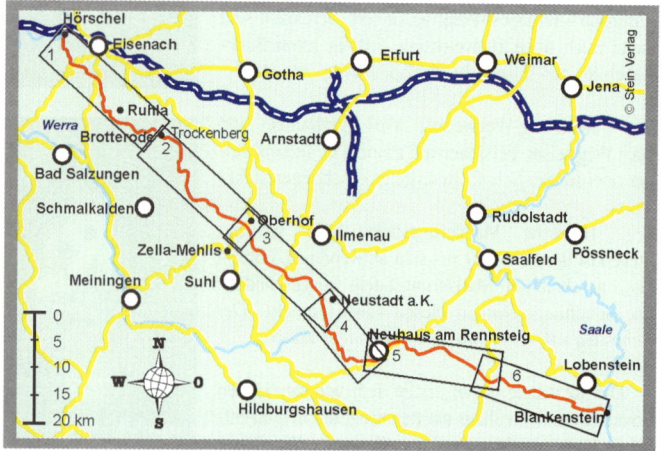

▷ **Etappen:** Die Beschreibung der Rennsteigwanderung von Hörschel nach Blankenstein orientiert sich an der klassischen Pfingstrunst mit sechs Tagesetappen. Die unter ☞ Tourenplanung aufgelisteten Varianten lassen aber individuelle Runsten zu.

▷ **Wegbeschreibung:** Obwohl die eigentliche Wegbeschreibung nur rund ein Drittel des vorliegenden Führers ausmacht, insofern auf den ersten Eindruck etwas oberflächlich zu sein scheint, ist sie völlig ausreichend, denn der Rennsteig ist auf seiner gesamten Länge vorbildlich ausgeschildert (☞ Markierungen).

▷ **Karte:** Die angegebenen Kartenblätter beziehen sich auf die spezielle Wanderkarte bestehend aus fünf topografischen Blättern des Landesvermessungsamts Thüringen (☞ Karten).

Renner am "Flößgraben" beim Anstieg zur Suhler Ausspanne (S. 94)

1. Etappe: Hörschel - Großer Inselsberg

⇔ ungefähr 31 km
↗ ungefähr 882 m
↘ ungefähr 343 m
📖 Karte A

In **Hörschel** (⇔ km 0 ⇧ 196 m) an der Werra beginnt die von Julius von Plänckner im Jahre 1830 festgelegte und erstmals beschriebene Rennsteigroute über 168,3 km nach Blankenstein an der Saale. Hier ist mit 196 m über dem

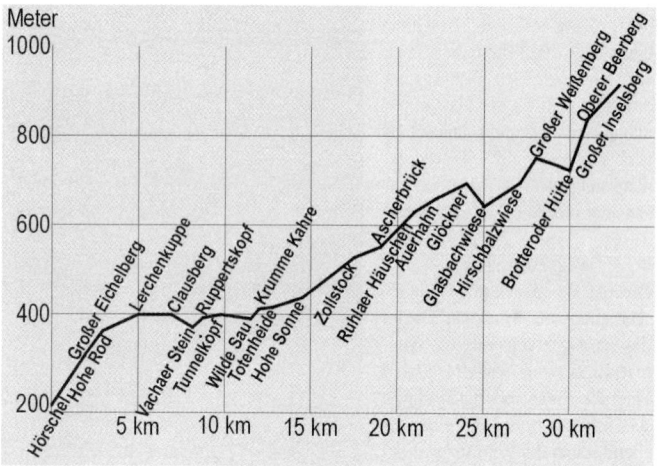

Meeresspiegel zugleich der tiefste Punkt des gesamten Rennsteigs. Gegenüber der Dorfkirche führt ein kleiner Pfad über den Hof einer Gaststätte (✕ 🛏 "Tor zum Rennsteig", RT Di, ☎ 036928/90605) vorbei zur **Werra** (⇨ km 0 ⇧ 196 m). Der Beginn des Rennsteigs ist mit einer großen Hinweistafel gekennzeichnet (📷 S. 56). Dort steht auch ein großer Holztrog mit Steinen aus der Werra. Von hier kann der Wanderer - nach altem Brauch der Renner - einen Stein aufnehmen, ihn über den Rennsteig tragen und am Ende des Rennsteigs von der Brücke über die Selbitz ins Wasser werfen.

Holztrog mit Steinen aus der Werra

Wieder an der Dorfkirche angelangt, folgt kurz danach das **Rennsteig-Informationsbüro** (⇨ km 0,1 ⇧ 199 m) in einem restaurierten Fachwerkhaus in der Unterstraße 28. Links des Informationsbüros führt ein Weg an zwei hölzernen Schildern mit den Inschriften "Rennsteig: Nach Blankenstein/Saale 171 km" und "Gut Runst" vorbei, eine Anhöhe hinauf, bis zu einer Wiese, der "Blöße". Links der Wiese liegt die **Birkkuppe** (⇧ 339 m) und rechts der **Kleine Eichelberg** (⇧ 290 m).

Der Rennsteig kreuzt danach den alten Marktpfad, der Neuenhof (✕ 🛏 "Zur Guten Quelle", RT Mo,

☎ 036928/90375) mit Eisenach verband, und führt weiter auf den **Großen Eichelberg** (⇨ km 1,9 ⇧ 310 m) hinauf.

🛈 Vom Großen Eichelberg hat man eine schöne Aussicht auf Eisenach und die Wartburg (O), über den Thüringer Wald und das Werratal (SO), zum Ringgau (W) und zu den Höhen des Hainich (N).

Auf dem weiteren Weg führt der Rennsteig an der Gerichtskiefer vorbei und steigt dann zwischen dem Kupferberg im Westen (⇧ 321 m) und dem Kupfergraben im Osten zur **Hohen Rod** (⇨ km 2,9 ⇧ 350 m) an. Östlich der Wiese sind noch die Halden des Kupferbergbaus zu sehen. Westlich vom Rennsteig steht im Wald das Zechsteinriff des "Franzosenfelsens".

Der Rennsteig quert die Siebertswiese und gelangt an die Wegkreuzung am Borntal. Er führt halblinks nach Süden hinauf zur **Tyroler Platte** (⇨ km 3,7 ⇧ 338 m).

Auf der Tyroler Platte verläuft der Rennsteig eben und führt an einer Schutzhütte mit ein paar Bänken vorbei. Neben der Hütte steht ein geschnitztes Schild "Rennsteigverein 1896 OG - Hörschel". Nach der Ebene geht es vorbei an Kalksteinfelsen hinein in einen kleinen Wald. Das Sperrgebiet der ehemaligen "innerdeutschen Grenze" wird durch rotweiße Pfosten und eine Informationstafel gekennzeichnet. Kurz hinter dem Grenzpfosten knickt der Rennsteig links ab und

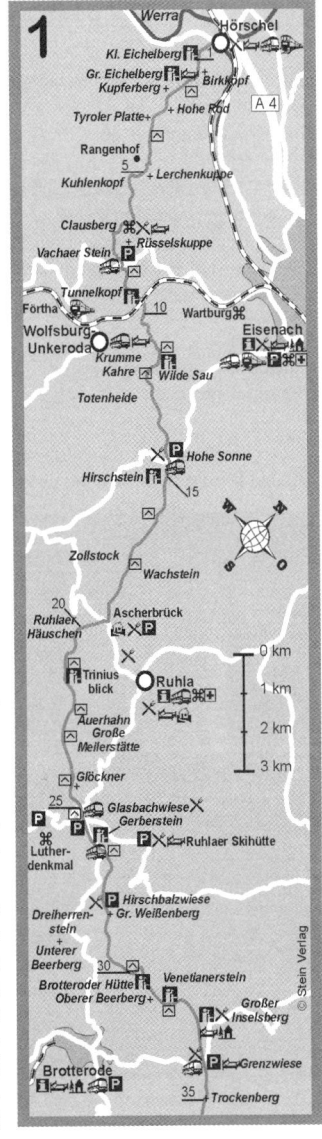

führt am Waldrand entlang hinauf zur **Lerchenkuppe** (⇨ km 5 ⇧ 394 m). Vom Waldrand aus kann der westlich gelegene Rangenhof und der dahinter liegende Glangeswald überblickt werden.

Von der Lerchenkuppe aus führt der Rennsteig kurzzeitig nach Südwesten und trifft auf den von Westen kommenden Wartburgpfad. An der Weggabelung knickt er scharf links ab und verläuft am Waldrand entlang nach Südosten, vorbei am Kuhlenkopf und anschließend durch Felder nach **Clausberg** (⇨ km 6,9 ⇧ 398 m) (✗ ⇦ "Zum Haflinger", RT Do, ☎ 03691/217379).

Clausberg wurde um 1330 erstmalig urkundlich erwähnt. Über die den Ort umgebenden Wege und Straßen zogen mehrfach die verschiedensten Heere. 1521 kam Luther bei seiner Reise nach Worms an Clausberg vorbei.

Der Rennsteig führt durch Clausberg hindurch, vorbei an einem alten Herrenhaus mit verwildertem Park und durch eine Kastanienallee. In einem großen Links-

bogen führt er um die **Rüsselskuppe** (⇧ 444 m) herum und gelangt zum **Vachaer Stein** (⇨ km 8,3 ⇧ 372 m), auch **Förthaer Stein** genannt, der an der Kreuzung des Rennsteigs mit der Bundesstraße 84 steht.

Der Vachaer/Förthaer Stein war ein Obelisk bzw. Wegweiser an einer 1807 vollendeten Handelsstraße, die von Leipzig nach Nürnberg führte. Diese Straße wurde Ende Oktober 1813 von Napoleon für seinen Rückzug nach der Völkerschlacht von Leipzig benutzt. Zu DDR-Zeiten begann erst hier der Rennsteig, da die ersten 8 km inklusive Hörschel im Sperrgürtel lagen. Da der DDR-Rennsteig im Südosten auch kurz hinter Neuhaus am Rennweg - genau am Gefallenen-Denkmal - endete,

Übertriebene "Wegsanierung" auf dem Abstecher zur Werraquelle (S. 104)

*war er zwischen 1945 und 1990
nur knapp 120 km lang.*

Nach Querung der Bundes-
straße führt der Rennsteig über
den Ruppertskopf (eine von insgesamt 15 Kuppen auf den folgenden 7 km) und dann nach
Osten weiter zur **Tunnelkopf**
(⇨ km 9,6 ⇧ 398 m). Nahe des
Weges kann über einen Kahl-
schlag nach Norden auf die Gleise
der Werrabahn geschaut werden.
*Die Werrabahn führt durch
einen 1858 fertiggestellten, 570
m langen Tunnel unter dem Tunnelkopf hindurch.*

Hinter dem Tunnelkopf führt
der Weg nach Osten zum **Steinkreuz "Wilde Sau"** (⇨ km 11,3
⇧ 387 m). Dieser ca. 1,5 km lange Abschnitt sowie die folgenden
5 km verläuft der Rennsteig direkt

*Der Rennsteig zwischen Plänckners
Aussicht und Adler (S. 95)*

an der Grenze des Naturschutzgebiets "Wartburg - Hohe Sonne", das sich nordöstlich des Rennsteigs über 595 ha ausdehnt und zwei Totalreservate von insgesamt 23 ha enthält.
*Das Steinkreuz "Wilde Sau", ein Sühnekreuz in Malteserform, stammt aus dem
Jahr 1483 und ist damit der älteste Stein mit Jahreszahl auf dem Rennsteig. Auf
dem Sühnekreuz, das etwas abseits vom Rennsteig steht, ist ein Jagdunfall zweier
Jäger mit einer wilden Sau abgebildet.*

🏰   Vom Steinkreuz "Wilde Sau" bietet sich ein schöner Blick auf die Wartburg
in Eisenach.

Hinter dem Steinkreuz biegt der Rennsteig rechts ab und führt nach Süden zur
Krummen Kahre (⇨ km 12 ⇧ 409 m). Dort steht neben einer Schutzhütte ein
neuer Rennsteigstein mit drei für den Rennsteig historischen Jahreszahlen: 1330 -
erste Erwähnung des Rennsteigs; 1830 - Erstbegehung des Rennsteigs durch
Plänckner; 1990 - Wiederbegehbarkeit in der Gesamtlänge.

An der Grenze des Naturschutzgebiets führt der Rennsteig nach Osten, vorbei an der **Totenheide** (⇧ 414 m) hinauf zur **Hohen Sonne** (⇨ km 14,6 ⇧ 434 m). (✗ Grill "Hohe Sonne", kein RT, ☎ 03691/732903).

Am Standort der inzwischen wieder dem Verfall preisgegebenen Gaststätte, die im Jahr 1900 im Stil des 18. Jh. erbaut wurde, stand ein 1747 von Herzog Ernst August von Sachsen-Weimar erbautes Jagdschlößchen. Eine goldene Sonne am Turm ist für den Namen verantwortlich.

An der Wegkreuzung Rennsteig-Weinstraße / Nürberger Straße stand früher ein Kreuz mit Heiligenbild, woher auch der Name "Hohes Kreuz" für diesen Ort stammt.

🅿 Wanderparkplatz Hohe Sonne.

Nach Überschreiten der B 19 führt der Rennsteig über einen Schotterweg durch einen Mischwald hinauf zum **Hirschstein** (⇨ km 15,2 ⇧ 463 m). Der aktuelle Routenverlauf führt ein kleines Stück unterhalb des Gipfels nordöstlich vorbei, während die Originalroute direkt über den Hirschstein verlief.

Auf einem Schotterweg führt der Rennsteig nach Süden, vorbei an der Rennsteiggrotte (östlich vom Rennsteig gelegen) und hinauf zum **Zollstock** (⇨ km 17,6 ⇧ 530 m).

Am Zollstock stand bis in das 19. Jh. ein alter Bildstock (= Gebetsstelle).

🚶 Ein Weg markiert durch einen roten Punkt auf weißem Grund geleitet nach Nordosten hinauf zu einem Konglomeratfelsen namens **Wachstein** (⇧ 575 m), von dem sich ein schöner Blick über Moosbach, die Hörselberge, die Burgruine Scharfenberg bei Thal, auf Gotha mit dem Schloß Friedenstein und den Ettersberg bei Weimar bietet.

Auf dem Schotterweg geht es weiter nach Südsüdosten hinauf nach **Ascherbrück** (⇨ km 19,1 ⇧ 553 m) (✗ 📷 Rennsteigbaude Ascherbrück, Hubertusbaude, kein RT, ☎ 03691/624540) (📷 S. 2).

Bei der Hubertusbaude

An der dortigen Wegkreuzung zweigt der Rennsteig rechts ab, verläuft einige Meter auf einer Fahrstraße und biegt dann links von der Fahrstraße ab. Nach der Kreuzung mit einem anderen Wanderweg (Ruhla - Bad Liebenstein) geht es steil hinauf zum **Ruhlaer Häuschen** (⇨ km 21 ⇧ 630 m).

Ab dem Ruhlaer Häuschen ist der Rennsteig historisch nachweisbar. Von hier zweigt nach SW der "Sallmannshäuser Rennsteig" ab.

Ein anderer relativ bekannter Fernwanderweg, der Rennsteig-Rhein-Wanderweg vom Inselsberg nach Engers (Rhein) zweigt hier ebenfalls vom Rennsteig ab.

Hinter der Wegkreuzung am Ruhlaer Häuschen führt der Rennsteig nach Südosten weiter hinauf zum **Triniusblick** (⇨ km 21,7 ⇧ 642 m).

🏠   Der Triniusblick bietet eine gute Aussicht in nördliche Richtung.

In einem leichten Rechtsbogen umgeht der Rennsteig die vom Höllkopf nach Nordosten herabziehende Flanke und erreicht den **Auerhahn** (⇨ km 22,3 ⇧ 677 m) mit der dort gelegenen massiven Schutzhütte und Rettungsstelle. Sie wurde 1980 anstelle einer Jagdhütte errichtet.

Nahezu eben geleitet der Rennsteig zu einer südöstlich gelegenen großen Wegkreuzung (6 Wege treffen hier zusammen) namens **"Große Meilerstätte"** (⇨ km 23,4 ⇧ 671 m).

Der Name stammt aus früheren Zeiten, als an diesem Punkt noch zahlreiche Holzkohlenmeiler standen, die die Schmelzhütten der Umgebung mit Holzkohle versorgten.

Gut 500 m später erreicht der Rennsteig kurz vor dem **Glöckner** (⇨ km 24 ⇧ 691 m) eine Weggabelung. Dort verläuft er auf dem rechts weiterführenden Weg.

✗   Etwas westlich des Rennsteigs liegt das Rennsteig-Ehrenmal für im Ersten Weltkrieg gefallene Mitglieder des Rennsteigvereins.

Hinter dem Glöckner führt der Rennsteig hinab zur **Glasbachwiese** (⇨ km 25 ⇧ 643 m). Dort muß eine Straße gekreuzt werden.

🚌   Bushaltestelle an der Kreuzung

✗   Imbiß an der Glasbachwiese

♦   Ruhlaer Skihütte (2 km ab Glasbachwiese), RT Mo, ☎ 036929/3434.

✗ 🛏   Hotel "Rennsteighof", (an der Ruhlaer Skihütte), ☎ 036929/6020.

Etwa 1 km nördlich der Kreuzung befindet sich der westlichste der insgesamt

Die Ruhlaer Skihütte

13 Dreiherrensteine auf dem Rennsteig aus dem Jahr 1643. Ein Dreiherrenstein markiert einen Grenzpunkt, an dem drei regionale Grenzen zusammenstoßen.

Ein paar Meter hinter der Kreuzung steht an der Straße nach Winterstein die **Schillerbuche** (⇨ km 25,5 ⇧ 650 m).

Die Buche, die in dem weitestgehend mit Fichten bewachsenen Forst besonders auffällt, erhielt 1905 anläßlich des 100. Todestages des berühmten deutschen Dichters Friedrich von Schiller (1759-1805) dessen Namen.

✖   Kurz hinter der Schillerbuche zweigt rechts ein weiß-grün-weiß markierter Weg zum **Lutherdenkmal** ab. Am Lutherdenkmal wurde am 4.5.1521 Luther festgenommen und zu seinem Schutz auf die Wartburg gebracht.

✖   Ein gelb gekennzeichneter Weg führt direkt über den 729 m hohen **Gerberstein**. Der Gerberstein wurde bereits im Jahre 935 unter der Bezeichnung "Gervenstein" genannt. Er ist damit der älteste, urkundlich genannte Punkt des Rennsteigs.

An der Wegkreuzung führt der Rennsteig erst rund 500 m nach Osten, um dann scharf rechts abzuknicken und am Hang des Großen Weißenberges wieder steil nach Süden zur **Hirschbalzwiese** (⇨ km 27,2 ⇧ 692 m), auch Dürre Wiese genannt, hinunterzuführen.

Wenige hundert Meter weiter wird gegenüber der 1911 erbauten "Waldschänke" (✖ RT Do, ☎ 036840/31011) das 1913 eingeweihte Denkmal des Rennsteigdichters Victor von Scheffel (1826-1886; Dichter des bekannten Rennsteiggedichts) erreicht.

An der dortigen Wegkreuzung zweigt rechts (weiß-rot-weiße und weiß-grün-weiße Markierung) der "Brücknersche Rennsteig", auch als "Ur-Rennsteig" oder "Breitunger Rennweg" bekannt, nach Süden in Richtung zum Werratal ab. Er führt über den Unteren Beerberg, den Rennwegskopf, den Judenkopf und Bairoda nach Breitungen.

An diesem Punkt ist der nächste der Dreiherrensteine des Rennsteigs zu sehen. Dieser **Dreiherrenstein** (⇨ km 27,8 ⇧ 747 m) markierte einst die Grenze zwischen Kurhessen, Sachsen-Gotha und Sachsen-Meiningen.

In einem weiten Linksbogen führt der Rennsteig weiter über den Zigeunerkopf zur **Brotteroder Hütte** (⇨ km 29,9 ⇧ 725 m).

Hinter der Brotteroder Hütte führt der Rennsteig kurz nach Norden, knickt dann scharf nach Südwesten ab und steigt zum **Oberen Beerberg** (⇨ km 31,1 ⇧ 841 m) an.

Die Fußgängerzone von Friedrichroda (S. 84)

⚔ Auf diesem Wegstück gibt es rechts einen Abzweig zum Oberen Beerberg. Von dort bietet sich nach Norden eine schöne Aussicht.

Ungefähr auf der Höhe des Oberen Beerbergs führt der Rennsteig weiter nach Osten zum dort gelegenen **Venetianerstein** (⇨ km 31,6 ⇧ 830 m) und der etwas tiefer gelegenen Günter-Lesser-Hütte mit Bergwart (Erste Hilfe).

🏠 Vom Venetianerstein aus bietet sich ein schöner Blick auf die Täler im Nordwesten des Großen Inselsbergs.

Hinter dem Venetianerstein geht es nun nach Nordosten steil hinauf zum **Großen Inselsberg** (⇨ km 32,7 ⇧ 916 m).
Der Aufstieg führt durch ein 1,36 km² großes Naturschutzgebiet, das sich vor allem durch Rotbuchenbestand auszeichnet. Ein Teil dieses Waldes ist sogar als Totalreservat ausgeschrieben, das heißt, dort wird keine Pflege vorgenommen, sondern der Natur freien Lauf gelassen. Diese Region ist der "unordentliche, chaotische" Wald, der rechts des Rennsteigs liegt.
Das Vulkanmassiv des Großen Inselsbergs ist zwar nicht der höchste, aber der markanteste und meistbesuchte Berg im Thüringer Wald. Die gute Aussicht, die

*gute Verkehrsanbindung, die dortige Gastronomie sowie gute Wintersportmög-
lichkeiten (Abfahrtshang mit Schlepplift) sorgen für einen regen Touristenzustrom.*

Auf dem Gipfel des Großen Inselsbergs gibt es zwei Gaststätten (✗ Berggasthof "Stöhr", kein RT, ☎ 036840/32425; ✗ Berggasthof "Stadt Gotha", kein RT,
☎ 036840/62367 + ☎ 50994) eine Jugendherberge (🏠 Jugendherberge
"Großer Inselsberg", ☎ 036840/ 32125), einen UKW- und einen Fernsehturm
sowie einen Aussichtsturm von 1939.

*1649 wurde hier erstmalig eine Jagdhütte erbaut, der 1810 ein weiteres
Gebäude als Herberge hinzugefügt wurde.*

2. Etappe: Großer Inselsberg - Rondell bei Oberhof

⇔   ungefähr 25 km
↗   ungefähr 441 m
↘   ungefähr 351 m
📖   Karte B

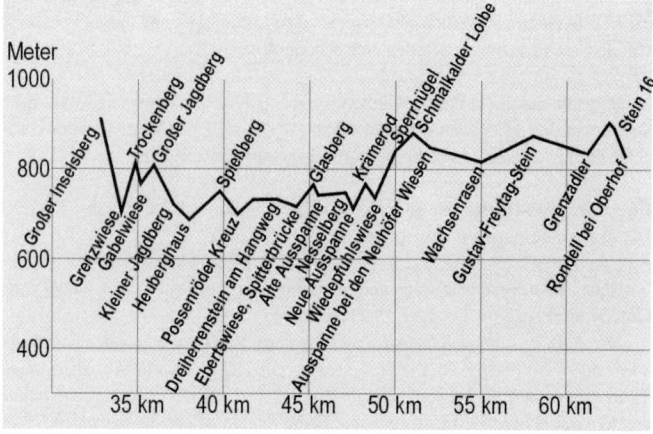

Vor dem Gasthaus führen Stufen hinab zum Parkplatz am Großen Inselsberg.
Dort führt der Rennsteig geradeaus zu den **Reitsteinen** (⇨ km 33,1 ⇧ 860 m).

Von den Reitsteinen bietet sich in guter Blick in das Brotteroder Tal.

Hinter den Reitsteinen gibt es einen kleinen Fußpfad, der relativ steil hinab führt (ist auch "nur für geübte Wanderer" ausgeschildert). Linkerhand dieses Pfads führt ein besser ausgebauter Weg hinunter zur Asphaltstraße, wo er mit dem kleinen, steilen Fußpfad wieder zusammentrifft. Die letzten Höhenmeter runter zur **Grenzwiese** (⇨ km 33,9 ⇧ 723 m) verlaufen auf einer asphaltierten Straße. (Pension-Gasthaus "Haus am Reitstein", Kleiner Inselsberg, kein RT, ☏ 036840/32494, FAX 32493; Hotel-Gasthaus "Kleiner Inselsberg", Grenzwiese, ☏ 036840/32453 + ☏ 32144, FAX 32142).

Der Name "Grenzwiese" stammt daher, daß sie einst die Grenze zwischen Sachsen-Gotha (seit 1920 Thüringen) und der hessischen Exklave der Herrschaft Schmalkalden markierte.

P Am Hotel-Gasthaus "Kleiner Inselsberg" an der Grenzwiese.

Am Hotel-Gasthaus wird die Straße zwischen Brotterode und Tabarz gequert und am linkerhand gelegenen großen Ausflugsparkplatz vorbei geht es geradeaus weiter nach Südosten. Am Ende des Parkplatzes zweigt der Rennsteig halbrechts von dem asphaltierten Weg ab und führt über den **Trockenberg** (⇨ km 34,8 ⇧ 808 m). Dem kurzen Abstieg zur **Gabelwiese** (⇨ km 35,1 ⇧ 770 m) folgt ein sehr steiler Aufstieg zum **Großen Jagdberg** (⇨ km 35,4 ⇧ 807 m). Oben

Waldrestaurant Tanzbuche

angekommen zweigt der Rennsteig links ab (☞ Nicht den alten Grenzsteinen folgen) und führt hinunter zu einer befestigten Straße. Nach etwa 1,5 km markiert ein Hinweisschild den Abzweig nach links zum 800 m entfernten Waldrestaurant "Tanzbuche" (✗ kein RT, ☎ 03623/304438, FAX 200846).

✗   Vom Waldrestaurant "Tanzbuche" bietet sich ein schöner Blick zurück auf den Großen Inselsberg.

✗   Der Weg zum Waldrestaurant führt weiter bis **Friedrichroda**. In dem 5 km nordöstlich des Rennsteigs gelegenen Ort gibt es div. Unterkünfte. (📷 S. 81)

Blick auf das Heuberghaus

Direkt am Weg liegt das Grab von Willi Benner, eines Soldaten, der am 7.4.45 von SS-Männern an dieser Stelle als Deserteur erschossen wurde.

Der Fahrstraße weiter folgend erreicht man nach ca. 500 m das **Heuberghaus** (⇨ km 37,9 ⇧ 688 m) (✗ ⇦ RT Mo, ☎ 03623/ 304492). Gegenüber dem Gasthof stehen Wanderhütten.

Die Gaststätte "Heuberghaus" liegt an der alten, 1840 als Paßstraße erbauten Straße Friedrichroda - Kleinschmalkalden.

🚌 🅿 Haltestelle und Parkplatz.

Schönes Spießberghaus

Am Heuberghaus quert der Rennsteig die Straße und zweigt etwa 400 m später von der Fahrstraße "Burgstraße - Roter Weg" ab.

✗   Wird dem Fahrweg noch 1,6 km gefolgt, so liegt dort das "Spießberghaus" mit "Jägerstube" (✗ ⇦, kein RT, ☎ 03623/304550, FAX 363543).

Als Waldweg führt der Rennsteig zum **Spießberg** (⇨ km 39,4 ⇧ 749 m) hinauf und danach wieder hinunter zum **Possenröder Kreuz** (⇨ km 40,5 ⇧ 700 m).

Das Possenröder Kreuz ist ein Malteserkreuz aus Zechsteinkalk, das erstmals 1522 erwähnt wurde.

Der Rennsteig führt nach Süden an zahlreichen Grenzsteinen vorbei und erreicht bei km 41,9 eine Freiwaldgrenze namens **Gleichisch Gehäu** (⇨ 713 m), die durch drei nebeneinander stehende Steine gekennzeichnet ist. Dieser Freiwald ist freier Besitz von sieben in der Nähe Gothas liegenden Gemeinden.

Rennsteig bei Friedrichshöhe (S. 105)

Nach ungefähr 1,5 km wird der **Dreiherrenstein am Hangweg** (⇨ km 43,3 ⇧ 727 m) erreicht.

Der Dreiherrenstein markierte von 1572 bis 1641 die Grenze zwischen Hessen sowie den sächsischen Ämtern Tenneberg und Georgenthal.

An dieser Stelle biegt der Rennsteig links ab, verläßt den Fahrweg und führt nach Süden zur **Ebertswiese** (⇨ ca. km 44 ⇧ 710-790 m). (✗ ⇔ Berggasthaus "Ebertswiese", kein RT, ☎ 03683/606451; 🏠 Bergseebaude, kein RT, ☎ 03683/65480; ✗ Kiosk am Bergsee, kein RT.)

🏊 Unweit der Ebertswiese - am SO-Hang des Mittleren Höhenbergs - besteht im Bergsee eine Bademöglichkeit.

Die Ebertswiese ist ein sumpfiges Wiesengelände im Quellgebiet der Spitter und wurde bereits 1039 unter dem Namen "Eberhardesbruccen" (namensgebend war der Georgenthaler Abt Eberhard) als Grenzpunkt und Hauptübergangsstelle alter Straßen über das Gebirge erwähnt, die Frankfurt, Nürnberg, Leipzig und Erfurt miteinander verbanden.

Weiter geht es direkt über die sumpfige Ebertswiese. Am Waldrand überquert der Rennsteig mittels einer kleinen Holzbrücke die Spitter.

Der Rennsteig, der nicht nur einen Grenzweg, sondern auch eine Wasserscheide darstellt, überquert auf seiner gesamten Länge insgesamt nur zwei Bäche/ Flüsse.

✗   An dieser Stelle ist ein Abstecher zum 1 km entfernten Spitterfall möglich. Unterhalb der Ebertswiese stürzt die Spitter als höchster natürlicher Wasserfall des Thüringer Waldes in drei Stufen 20 m in die Tiefe.

P   An der Spitterbrücke am tiefsten Punkt der Ebertswiese.

Als breiter Waldweg führt der Rennsteig durch einen reinen Fichtenforst (Fichtenforste werden die folgenden 20 km Wegstrecke auch dominieren) hinauf zur **Nagelstädter Girn** (⇨ km 44,8 ⇧ 751 m). Heute noch sind dort die Fundamente der Drahtseilbahn zu sehen, die ehemals den Bergsee (früher Steinbruch) mit dem Spittertal verband.

Dieser Wald wurde bereits 1214 von Friedrich II. dem Deutschritterorden übereignet.

Der Rennsteig verläuft auf einem Waldweg über den **Glasberg** (⇨ km 45,5 ⇧ 761 m) und erreicht einen halben Kilometer später die **Alte Ausspanne** (⇨ km 45,9 ⇧ 742 m).

Hier kreuzt der Rennsteig die seit dem 14. Jh. betriebene Straße (heute Fahrweg) von Tambach-Dietharz nach Schmalkalden. Dieser Wegabschnitt ist Teil einer Straße, die Nürnberg mit Hamburg verband, aber auch eine West-Ost-Verbindung darstellte. Postkutschen und Kutschen mit Waren benutzten diese Straße und es wurden auf dieser Anhöhe die zusätzlichen, im Tal angespannten Pferde, wieder ausgespannt (daher der Name "Ausspanne", der uns im Verlauf des Rennsteigs noch öfter begegnen wird.).

Die Straße wurde zwischen 1781 und 1791 grundlegend überholt. Altes Pflaster aus dieser Zeit ist teilweise noch erhalten. Die etwas ungünstige Lage der "Alten Ausspanne" führte allerdings 1828 zum Bau der "Neuen Ausspanne".

✗   Ungefähr 1,5 km südlich des Rennsteigs liegt das Berggasthaus "Nesselhof", (**✗**, RT Mo, ☎ 03683/607440 und Gasthaus/Pension "Am Rennsteig" **✗** 🛏, Nesselhof, RT Do, ☎ + FAX 03683/606073).

🚌 **P** Bushaltestelle und kostenpflichtiger Parkplatz (Gebühr bis 4 Std. € 1,50, bei längerem Parken € 2).

Der Rennsteig knickt nach Süden ab, führt nahezu eben bei km 47,2 über den **Nesselberg** (⇧ 714 m) und weiter zur **Neuen Ausspanne** (⇨ km 47,8 ⇧ 747 m). Die "Neue Ausspanne" ist die Kreuzung des Rennsteigs mit der im 16. Jahrhundert entstandenen Straße von Tambach-Dietharz nach Schnellbach. (✗ Nesselberghütte Neue Ausspanne, kein RT, ☏ 0171/6253789)

Direkt nach dem Überqueren der Straße erblickt man einen auffälligen großen Stein mit preußischem Adler. Eine nebenan stehende Hinweistafel beschreibt die Bedeutung dieses Grenzsteins: Der Rennsteig war auch im 19. Jh. auf weiten Strecken die amtliche Grenze zwischen verschiedenen mitteldeutschen Kleinstaaten (heute Hessen und Thüringen). Das Gebiet nördlich des Kammwegs zwischen Inselsberg und Oberhof gehörte zum Herzogtum Sachsen-Coburg und Gotha (1826). Das südlich gelegene Territorium des späteren Kreises Schmalkalden war eine Exklave des Kurfürstentums Hessen Kassel (seit 1803), das in Folge des Krieges von 1866 preußisch wurde.

Die Schnittpunkte der schmalkaldischen Grenze mit den Hauptverkehrsstraßen markierte man mit dem preußischen Adler, der als Grenzadler in den Sprachgebrauch einging.

Der folgende Aufstieg zum **Krämerod** (⇨ km 48,3 ⇧ 765 m), einem südlich der Neuen Ausspanne gelegenen Berg, ist relativ steil.

Im Abstieg vom Krämerod gabelt sich der Weg. Der eigentliche Rennsteig verläuft geradeaus, eine links abbiegende Variante wird von Grenzsteinen gesäumt. Beide Wege vereinigen sich allerdings nach kurzer Zeit wieder an der **Wiedepfuhlswiese** (⇨ km 48,8 ⇧ 737 m). (✗ 🏠 Bergwachthütte an der Wiedepfuhlswiese, 200 m vom Rennsteig entfernt, nur am Wochenende besetzt, Quartier über ☏ 03683/783154, Herr Fräbel).

An der folgenden Weggabelung am Ende des flachen Wegstücks biegt der Rennsteig nach links und führt in einem steilen Geröllhohlweg hinauf zum **Sperrhügel** (⇨ km 49,9 ⇧ 840 m).

🏛 Während des Aufstiegs zum Sperrhügel bietet sich nach hinten noch einmal ein guter Blick über die Ebertswiese auf den Großen Inselsberg; bei guter Sicht sogar bis zur Thüringischen und Hohen Rhön.

Wer den Aufstieg zum Sperrhügel in den Beinen hat, kann sich vorstellen, was für eine Herausforderung der jährlich ausgetragene GutsMuths-Rennsteiglauf (75 km von Eisenach nach Schmiedefeld) darstellt.

Oben am Sperrhügel angekommen, geht es weiter zur **Schmalkalder Loibe** (⇨ km 51 ⇧ 882 m), wobei der Weg mit zunehmender Höhe immer mooriger wird. Teilweise sind neben nicht mehr passierbaren Abschnitten des Rennsteigs weitere Trampelpfade im Moor entstanden.

Früher bezeichnete der Begriff "Loibe" den gesamten Thüringer Wald. Später wurde er auf einzelne Waldgebiete eingeschränkt. Heutzutage ist er nur noch für einige Straßen oder Wege geläufig.

Einen knappen Kilometer später wird die **Ausspanne bei den Neuhöfer Wiesen** (⇨ km 52,1 ⇧ 850 m) erreicht. Der Rennsteig kreuzt hier die ehemalige Straße (heute Fahrweg) von Tambach-Dietharz nach Steinbach-Hallenberg. Die alternative Bezeichnung Neuhofswiesen bezieht sich auf einen vom 16. bis zum 19. Jahrhundert bestehenden, herrschaftlichen Viehhof. Am oberen Ende der etwas südwestlich des Rennsteigs gelegenen Wiese steht eine Hütte der Bergwacht und am unteren Ende die Jahnhütte der Schmalkaldener Wanderfreunde (✗ 🍺 Paul-Schlösser-Hütte an den Neuhöfer Wiesen, 🍴 nur am Wochenende; ✗ 🍺 Jahnhütte an den Neuhöfer Wiesen 🍴 nur am Wochenende, ☏ 03683/781149 oder Hüttenwart ☏ 036847/31211).

Hinter der Ausspanne verläuft der Rennsteig erst auf einem breiten Weg und zweigt dann nach ungefähr einem Kilometer von diesem als kleiner Pfad links ab, der auf morastigem Untergrund weiter nach Südosten führt. Dabei verliert der Rennsteig an Höhe, bis schließlich der **Wachsenrasen** (⇨ km 54,8 ⇧ 815 m) mit einer massiven Hütte aus dem Jahr 1909 erreicht ist. Am Wachsenrasen kreuzt der Rennsteig den Weg von Tambach-Dietharz nach Ober- bzw. Unterschönau.

🏞 Auf dieser Wegetappe bieten sich kurz vor dem Wachsenrasen Ausblicke auf den

Der Rennsteig bei Masserberg (S. 103)

Dolmar, den Großen Hermannsberg bei Oberschönau und den
Ruppberg bei Zella-Mehlis.

✖ Links durch den Schmal-
wassergrund führt ein Weg zum
Falkenstein, einem der beliebte-
sten Kletterfelsen Thüringens.

Der Rennsteig verläuft nahezu
eben weiter nach Südosten und
passiert dabei in ca. 400 m Entfernung einen Berg mit dem
Namen **Donnershauk** (⇨ km 57
⇧ 893 m), dessen Name vermutlich vom germanischen Gott
Donar und dem Begriff "Haugh"
(Hügel) abgeleitet wurde. Auf
dem Gipfel soll sich eine altger-
manische Kultstätte zu Ehren des
Donnergottes Donar befunden
haben.

*Der Rennsteig im Bereich des
Großen Beerbergs (S. 95)*

Einen weiteren Kilometer später erreicht der Rennsteig den
Standort des **Gustav-Freytag-Steins** (⇨ km 58 ⇧ 876 m), ein ehemaliger Dreiherrenstein von 1719, der inzwischen allerdings nicht mehr existiert.

*Der nicht mehr erhaltene Dreiherrenstein trug die laufende Nummer 170 aber
auch gleichzeitig die Nummer 1, da von diesem Platz aus eine neue Zählung der
Grenzsteine begann. Der Stein wurde benannt nach dem Schriftsteller Gustav
Freytag, der dieses Gebiet in seinem Roman "Die Ahnen" als Schauplatz verwen-
dete: "Am heiligen Walde nahe dem Gipfel, welcher den Opferstein des Donners
trägt".*

✖ Bei guter Fernsicht empfiehlt sich ein Abstecher zum südwestlich gelegenen **Hohen Möst** (⇧ 887 m). Dieser Porphyrfelsen, der Oberschönau um rund
350 m überragt, bietet einen tollen Ausblick über das Tal von Oberschönau sowie
den Großen Hermannsberg und den Ruppberg. Der Weg zum Hohen Möst zweigt
am Gustav-Freytag-Stein halbrechts ab und führt in ungefähr 2,5 km über die
Schutzhütte "Karin" zum Aussichtspunkt.

Die folgenden 3,5 km verlaufen ohne größere Höhenunterschiede. Der Rennsteig quert einen asphaltierten und beleuchteten Weg, auf dem zur Überraschung vieler Renner auch im Sommer Skilangläufer und Biathlethen mit Rollerski unterwegs sind. Dieser Rundkurs gehört zum Wintersport-Bundesleistungszentrum in Oberhof, in dem die Sportler des erfolgreichsten Wintersportclubs der Welt, dem WSV 05 Oberhof, trainieren (wie auch die diesjährige Olympiade in Salt Lake City, Utah, USA wieder eindrucksvoll bewiesen hat).

Nachdem die "Loipe" des Rollerskirundkurses ein weiteres Mal gequert wird, geht es relativ steil hinab zu einem 2 m hohen Grenzstein, der seit der Wende wieder den preußischen Adler trägt, dem **Grenzadler** (⇨ km 61,4 ⇧ 837 m).

Der Name geht auf einen preußischen Grenzstein (preußisches Adlerschild) zurück, der seit 1866, als der Kreis Schmalkalden preußisch wurde, die Grenze des preußischen Staates markierte, die hier die Straße von Oberhof nach Ober- und Unterschönau kreuzte.

🚌 **P** Am Grenzstein befindet sich ein sehr großer Parkplatz.

✕ Wintersportbegeisterte erreichen von hier aus die 1 km entfernten Schanzen am Rennsteig im Kanzlergrund. Die Skisprungschanze im Kanzlergrund ist die zweitgrößte in Deutschland, und um ganzjährig trainieren zu können, wurde dort sogar eine der größten Mattenschanzen der Welt errichtet. Die 90-m-Schanze hat eine Mattenanlaufspur, eine Keramikanlaufspur sowie eine zu vereisende Spur. Auf dem Weg vom Grenzadler nach Oberhof wird auch die künstlich zu vereisende Rennrodel- und Bobbahn passiert. ☺ Besichtigung und Fahrten mit dem Gästebob sind möglich.

Nach dem Überqueren der Straße von Oberhof nach Ober- und Unterschönau, am Grill bei Geestav vorbei, weist nach ungefähr 300 m ein Hinweisschild auf die rechts vom Rennsteig gelegene Gaststätte "Schanzenbaude" (✕ 🏠 Waldgasthof "Schanzenbaude am Grenzadler", kein RT, ☎ 036842/22278).

Der Rennsteig verläuft auf einem schmalen Weg hinauf auf eine kleine Kuppe, wo der **Stein 16** (⇨ km 62,8 ⇧ 885 m), auch **Dietzel-Geba-Stein** genannt, steht.

Der Dreiherrenstein von 1734 trennte einst Hessen, Sachsen und Sachsen-Gotha und ist aus diesem Grund auch als "Hessenstein" bekannt. Die Inschriften auf dem Dreiherrenstein stehen hier für Sachsen-Gotha (SG), Hessen (H) und Sachsen (S). Bis 1583 trafen auf dieser Kuppe das thüringisch-sächsische Amt Schwarzwald und die Teile der hennebergisch-hessischen Zent Benshausen zusammen. Später, bis 1866, trennte der 16. Grenzstein das Herzogtum Coburg-Gotha vom schmalkaldischen Kur-Hessen und danach den preußischen Bezirk Schmalkalden vom Herzogtum Sachsen-Coburg Gotha. Stein 16 galt jahrelang als verloren, wurde aber 1994 an anderer Stelle gefunden, am 18.5.1994 an alter Stelle wieder eingegraben und eine Woche später mit einer Feier offiziell wieder eingeweiht.

Der Sühnestein, der an die Hinrichtung des Straßenräubers Dietzel von Geba im Jahr 1498 erinnert, ist seit Ende des 19. Jahrhunderts nicht mehr vorhanden.

Obelisk und Rondell bei Oberhof

Der Rennsteig führt weiter nach Südwesten, verliert etwas an Höhe und erreicht bei km 63,6 das **Rondell** (⇨ km 63,6 ⇧ 826 m).

Der Obelisk wurde zur Erinnerung an den in den Jahren 1830-32 erfolgten Bau der Straße Gotha - Suhl (heute B 247) errichtet. Eine Tafel erinnert an die Personen, die den Bau der Straße "entworfen, geleitet und ausgeführt" haben; u.a. an den leitenden Ingenieurskapitän Julius von Plänckner. Den Namen erhielt der Obelisk von einem kleinen runden Rasenstück, das ihn früher umgab.

Ein Forstarbeiterdenkmal, das westlich des Rondells steht, erinnert an die Windbruch- und Borkenkäferkatastrophe von 1945/46, die 4,5 Mio Festmeter Schadholz erzeugte und eine Neuaufforstung von 200 km² erforderlich machte.

❌ Am Forstarbeiterdenkmal links abbiegend führt ein Weg parallel zur B 247 in das knapp 1 km entfernte **Oberhof** mit zahlreichen Verpflegungs- und Unterkunftsmöglichkeiten (⇨ ❌).

Linkerhand des Rennsteigs kann die stark befahrene B 247 mittels einer Fußgängerbrücke überquert werden.

🚌 P Ein großer Parkplatz dient als guter Ausgangspunkt für Wanderungen (sowohl Ski- als auch Fußwanderungen).

☺ Hinter dem Parkplatz, nur 200 m südwestlich des Rondells, liegt am Hang des Pfanntalskopfes der Rennsteiggarten, ein sehenswerter botanischer Garten für Gebirgsflora. Der von Anfang Mai bis Ende Oktober geöffnete Garten wurde von 1970-1976 angelegt,

Forstarbeiterdenkmal

beherbergt ungefähr 4.000 Mittel- und Hochgebirgspflanzen aus Europa, Asien, Nord- und Südamerika und aus der Arktis (🍴 Cafe im Rennsteiggarten, 🛏 ☞ Rennsteiggarten).

Direkt am Rennsteiggarten liegen die Finnhütten am Rennsteig (✗ Kiosk am Rondell, kein RT, ☎ 036842/22257, ✗ 🛏 Finnhütten am Rennsteiggarten, ☎ 036842/22178, Herr Saueracker).

3. Etappe: Rondell bei Oberhof - Neustadt am Rennsteig

⇔   ungefähr 25 km
↗   ungefähr 288 m
↘   ungefähr 345 m
📖   Karte C

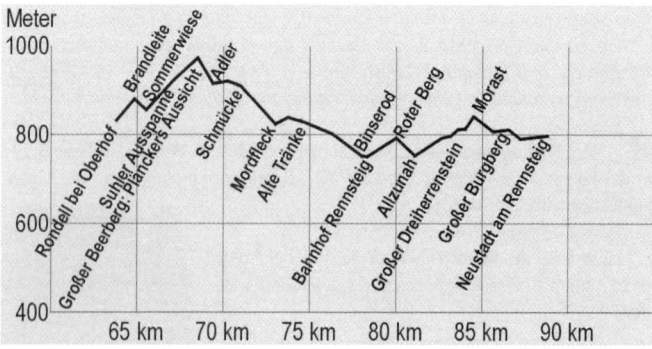

Hinter dem großen Wanderparkplatz vorbei am rechts liegenden Rennsteiggarten führt der Rennsteig in rund 1,5 km durch den Wald hinauf zur **Brandleite** (⇨ km 64,9 ⇧ 879 m).

An der Brandleite, der Gipfel liegt ungefähr 400 m südwestlich des Rennsteigs, unterquert die Eisenbahnlinie 620 (Erfurt - Suhl - Meiningen) in einem 3.038 m langen Tunnel mit einer Scheitelhöhe von 640 m, also rund 240 m tiefer, den Rennsteig. Der "Brandleitetunnel" wurde in den Jahren 1881-84 erbaut und war von der Ausführung eine Meisterleistung. Auf zwei Seiten mit den

Die Waldbaude am Dreiherrenstein - "Ab morgen Freibier" (S. 98)

Typische Schutzhütte mit Picknickplatz

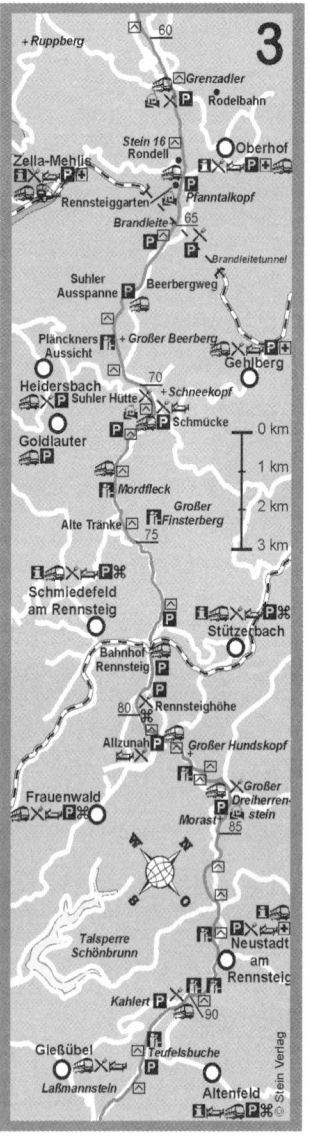

Grabungen beginnend, trafen die zwei Tunnel in der Mitte mit einer seitlichen Abweichung von gerade einmal 2,5 cm und in der Höhe mit einer Abweichung von 21 cm aufeinander.

Ab Ende 2002 wird die neu gebaute Autobahn A 71 in diesen Bereich den Gebirgszug der Brandleite mittels des neu gebauten, 7,9 km langen, "Rennsteigtunnels" durchqueren.

Der Rennsteig führt weiter nach Süden zur **Sommerwiese** (⇨ km 65,5 ⇧ 855 m), wo die Schmückestraße erstmals überquert wird. Einen knappen halben Kilometer später wird eine Weggabelung erreicht. Der Rennsteig führt geradeaus weiter, während links der blau markierte Beerbergweg abzweigt. Dieser Weg ist einfacher und bequemer als der Rennsteig und trifft nach gut 2 km erneut auf den Rennsteig.

Der Rennsteig überquert 150 m hinter dieser Weggabelung erneut die Schmückestraße und verläuft dann als kleiner Pfad, dem sogenannten "Flößgraben" (📷 S. 73), weiter in Richtung Süden hinauf zur **Suhler oder Crawinkler Ausspanne** (⇨ km 67,2 ⇧ 922 m).

Die Suhler Loibe verläuft bis Oberhof auf demselben Weg wie der Rennsteig und führt dann von Oberhof durch tief eingeschnittene Hohlwege wieder hinab nach Crawinkel. Wegen der engen Hohlwege, die ein Passieren der Pferdekutschen und -wagen nicht zuließ, wurde die Suhler Loibe früher vormittags nur im Aufstieg und nachmittags nur im Abstieg befahren.

✂   Einen halben Kilometer vom Rennsteig entfernt steht der Diezen-Lorenz-Stein, von dem sich eine schöne Aussicht auf Suhl bietet. Der Namen geht auf Diezen Lorenz zurück, der im Sommer am Fuß dieses Felsens in einer Höhle wohnte und den Fuhrleuten Reisig und "Schleifbüsche" zum Abbremsen der Pferdewagen und -kutschen für die steile Abfahrt nach Suhl verkaufte.

Von der Suhler Ausspanne führt der Rennsteig weiter nach Süden, der Weg steilt immer mehr auf und führt zur Einmündung des "Beerbergwegs".

🏠   Bei gutem Wetter kann bei einem Blick über die Schulter letztmalig der Große Inselsberg betrachtet werden.

Der Rennsteig führt südlich um den Gipfel des **Großen Beerbergs** (⬆ 982 m), dem höchsten Berg des Thüringer Waldes herum (📷 S. 89). Der Gipfelbereich des Großen Beerbergs steht unter Naturschutz (Hochmoor) (📷 S. 11). Bei km 69 führt ein Weg zur oberhalb des Rennsteigs gelegenen **Plänckners Aussicht** (⇨ km 68,5 ⬆ 973 m). Dieser Punkt ist gleichzeitig mit seinen 973 m Höhe der höchste Punkt des Rennsteigs.

🏠   Von der hölzernen Plattform der Plänckners Aussicht bietet sich nach Westen und Süden der schönste Blick des gesamten Rennsteigs. Der Blick reicht über Suhl, den Dolmar und bei guter Sicht bis hin zur Rhön.

Hinter Plänckners Aussicht verläuft der Rennsteig auf einem breiten Schotterweg weiter nach Osten. An den zwei folgenden Weggabelungen wird jeweils der rechte Weg eingeschlagen. Auf einem urigen Wurzelpfad geht es weiter und nach einem knappen Kilometer wird der **Adler** (⇨ km 69,4 ⬆ 916 m) und damit noch einmal die Schmückestraße erreicht (📷 S. 77). Der Name dieser Wegkreuzung geht auf einen früher dort stehenden Grenzstein mit Adler zurück.

Der Rennsteig führt nur wenige Meter von der Schmückestraße entfernt durch den Wald. Nach einem halben Kilometer wird der Abzweig zum **Schneekopf** (⬆ 978 m), erreicht.

✂   Bei schönem Wetter lohnt sich der Abstecher zum Schneekopf, von dem sich ein guter Rundumblick bietet.

An diesem Abzweig stand 30 Jahre lang der Jägerstein, ein alter Sühnestein. Der Jägerstein wurde von der sowjetischen Armee, die zwischen 1960 und 1990 den Schneekopf und den benachbarten Großen Finsterberg zum militärischen

Wetterstation an der Suhler Hütte

Sperrgebiet erklärt hatten, vom Gipfel des Schneekopfes entfernt und am Rennsteig plaziert. Nachdem die Russen 1990 die Gipfelbereiche wieder für die Öffentlichkeit zugänglich gemacht hatten, wurde der Jägerstein wieder an seinen ursprünglichen Platz gebracht.

☺   In Gipfelnähe des Schneekopfes können mit sehr viel Glück die berühmten Schneekopfkugeln - kugelige Porphyrdrusen, in deren hohler Mitte sich Kristalle aus Bergkristall, Amethyst und Quarz gebildet haben - gefunden werden.

Wenige Meter nach diesem Abzweig zum Schneekopf wird hinter einer Wetterstation der Abzweig zur 200 m südlich des Rennsteigs gelegenen Suhler Hütte erreicht (✗ 🏠 Wanderherberge "Suhler Hütte", RT Mo, ☎ 036845/50418).

Wiederum nur wenige Meter hinter der Wetterstation wird die **"Schmücke"** (⇨ km 70,9 ⇧ 911 m), eines der bekanntesten Gasthäuser auf dem Rennsteig erreicht. Das traditionsreiche Gasthaus "Schmücke" liegt als höchste Ansiedlung am Rennsteig an einer schon im Mittelalter bedeutenden Wegekreuzung (✗ 🏠 Wander- und Sporthotel "Schmücke", kein RT, ☎ 036845/5880, FAX /58830).

   Bushaltestelle an der Schmücke.

Als schmaler Pfad führt der Rennsteig neben der Straße im Fichtenwald entlang, später verläuft er direkt auf ihr. Auf einem Trampelpfad rechts der Straße wird nach kurzer Wegstrecke eine rustikale Schutzhütte erreicht. Neben dieser Schutzhütte steht der am 18.5.1996 eingeweihte Herbert-Roth-Gedenkstein (Autor des Rennsteig-Liedes).

Das Waldhotel Schmücke

Knapp 300 m hinter der Schutzhütte wird der breite Waldweg verlassen und auf einem urwüchsigen Abschnitt des Rennsteigs weiter zum **Mordfleck** (⇨ km 72,9 ⇧ 823 m), einer Bergwiese auf der im Mai/Juni Bärwurz, Hahnenfußgewächse und Schlangenknöterich in üppigen Farben erblühen, gewandert.

   Bushaltestelle am Mordfleck.

Am Mordfleck führt der Rennsteig nach links zur Straße und entweder auf ihr entlang oder auf dem direkt neben der Straße verlaufenden Weg weiter nach Südosten. Bei km 74 biegt der Rennsteig links in einen Waldweg ein und erreicht kurz danach die **Alte Tränke** (⇨ km 74,3 ⬆ 828 m).

Schutzhütte am Mordfleck

Auf der Waldwiese "Alte Tränke", wo früher Rinnsale einer kleinen Quelle der Nahe durch ausgehöhlte Baumstämme flossen, wurden einst die Transportpferde getränkt.

Hinter der Alten Tränke überquert der ursprüngliche Rennsteig zweimal die Straße. Um dies zu vermeiden, wurde parallel zur Straße ein neuer Pfad angelegt. Rund 2,5 km hinter der Alten Tränke muß der Renner allerdings darauf achten, daß er rechts zur Straße hin abbiegt. Kurz bevor die Straße erreicht wird, zweigt nach links ein Weg zum sogenannten **Binserod** (⇨ km 77,9 ⬆ 750 m) ab. Am Binserod kreuzt der Rennsteig die Bundesstraße 4 (Ilmenau - Suhl und Neustadt am Rennsteig).

  Haltestelle für Busse in Richtung Ilmenau - Frauenwald - Suhl.

Nachdem der Rennsteig die B 4 gekreuzt hat, überquert er auch die ehemalige Eisenbahnlinie Erfurt - Schleusingen.

Die 1904 gebaute Bahnlinie wurde anfangs (bis 1927) aufgrund der steilen Anstiege zwischen Stützerbach und Schmiedefeld nur als Zahnradbahn betrieben. Nach dem Wechsel auf Reibungsbetrieb wurde eine eigens für den Zahnradbetrieb gebaute Spitzkehre überflüssig.

Wenige Meter hinter dem Bahngleis zweigt links ein Fußpfad ab, der parallel zur Straße zum **Bahnhof Rennsteig** (⇨ km 78,2 ⬆ 746 m) führt. Der Bahnhof Rennsteig, der am 23.5.1998 stillgelegt wurde, war mit seinen 746 m der zweithöchste Punkt, den Personenzüge in Thüringen erreichten. Höher liegt nur noch der Bahnhof in Ernstthal.

Blick auf den stillgelegten Bahnhof

Kurz hinter dem Bahnhof Rennsteig wird die Frauenwaldstraße überquert. Da der ursprüngliche Rennsteig mit der Straße identisch ist, wurden in diesem Bereich parallel zur Straße neue Wege angelegt. Hinter dem Bahnhof Rennsteig nutzt der Rennsteig kurz den alten Bahndamm der Kleinbahnlinie Rennsteig - Frauenwald.

Diese Kleinbahnlinie Rennsteig - Frauenwald, die im Volksmund "Laura" hieß, wurde 1913 eingeweiht. Am 13.3.1965 wurde der Betrieb allerdings eingestellt.

Kurz nachdem die Frauenwaldstraße erneut gequert wurde, wird ein Gasthof und Waldhotel (✗ ⇌ Waldhotel "Rennsteighöhe", kein RT, ☎ 036782/62200, FAX 62201) erreicht.

Das Waldhotel "Rennsteighöhe" ist in einer ehemaligen Stasi-Ferienanlage untergebracht. In dieser Anlage befindet sich auch noch das ⌘ Bunkermuseum, ein ehemaliger Nachrichten- und Befehlsbunker der Staatssicherheit der DDR, der zwischen 1979 und 1985 unter absoluter Geheimhaltung errichtet wurde.

Hinter dem Waldhotel "Rennsteighöhe" wird kurz vor Allzunah der Original-Rennsteig wieder erreicht. Auf neu angelegten, parallel zur Straße verlaufenden Pfaden geht es weiter nach Osten in Richtung **Allzunah** (⇨ km 81,2 ⇧ 753 m). Auf diesem Abschnitt muß die Frauenwaldstraße mehrfach gequert werden. In Allzunah gibt es in Privatunterkünften und dem Cafe "Spindler" die Möglichkeit zu übernachten (✗ ⇌ Cafe-Stube "Spindler", im Ortsteil Allzunah, RT Mo, ☎ 036782/61360).

Allzunah, ein Ortsteil von Frauenwald, wurde 1691 mit dem Bau einer Glashütte gegründet. Den heutigen Namen erhielt Allzunah daher, daß diese Glashütte "all-zu-nah" an der großen Glashütte von Stützerbach lag, damit nicht konkurrenzfähig war und insofern 1785 wieder schließen mußte.

Der Gipfel des **Hundskopfes** (⇧ 753 m) wird vom Rennsteig südlich umgangen. Hierzu geht es am Ortsausgang von Allzunah an einer 300 Jahre alten Rotbuche vorbei, die 1691 zur Gründung des Ortes gepflanzt wurde, und auf einem

Die Waldbaude am Dreiherrenstein

kleinen Trampelpfad rechts der Straße, später auf einer Ferngasleitung ca. 1 km nach Osten. An einer Schutzhütte wird die Straße überquert. Einen weiteren Kilometer später biegt der Rennsteig scharf rechts ab und erreicht am **Großen Dreiherrenstein** (⇨ km 83,8 ⇧ 810 m) von 1596 die gleichnamige Gaststätte (✗ ⌂ Waldbaude Dreiherrenstein, kein RT, ☎ 036784/50202). (📷 S. 93)

Der Dreiherrenstein grenzte einst das Königreich Preußen (KP, die ehemalige Grafschaft Henneberg-Schleusingen mit dem Symbol der Henne), Sachsen-Meiningen (SM, ehemals Sachsen-Hildburghausen mit dem Symbol der Raute) und das Fürstentum Schwarzburg-Sondershausen (FSS mit gekreuzten Gabeln als Symbol) voneinander ab.

🚌 🅿 Bushaltestelle und Parkplatz.

In südöstlicher Richtung führt der Rennsteig über einen Gipfel, dessen Name genug über den Untergrund aussagt, über den der Rennsteig auf dieser Etappe verläuft: **Morast** (⇨ km 84,3 ⇧ 838 m). Der Weg des Rennsteigs wird auf diesem Abschnitt, und weiter bis kurz vor Ernstthal, durch eine fast lückenlose Reihe an Grenzsteinen markiert. Die Grenzsteine aus Sandstein tragen rechtsseitig immer einen Rautenkranz sowie die Abkürzung HSM oder SM (Symbol und Abkürzung von Sachsen-Meiningen) und linksseitig immer das Symbol der Schürf- und Erzgabel, das Symbol für die Bergwerke der Schwarzburger. Die Anordnung der Gabeln variiert allerdings stark.

Auf dem Abschnitt zwischen dem "Großen Dreiherrenstein" und dem Morast, an der ungefähren Grenze zwischen Thüringer Wald und Thüringer Schiefergebirge, ist etwa die halbe Strecke der Rennsteigtour von Hörschel bis Blankenstein (Gesamtstrecke:168,3 km) absolviert.

Etwa 1,5 km hinter dem Morast wird ein unter einer großen Buche stehender, alter Grenz- und Kilometerstein (Hildburghausen 37,07 km) erreicht. An diesem Punkt wird die Straße nach Neustadt am Rennsteig überquert und es folgt direkt darauf der Anstieg zum **Großen Burgberg** (⇨ km 86,4 ⇧ 818 m).

Im Abstieg vom Großen Burgberg sind die nächsten 2 km bis nach Neustadt am Rennsteig bereits zu überblicken. In Richtung Südosten führt der Rennsteig die östliche Flanke des Großen Burgbergs hinab und erreicht wieder die Straße nach Neustadt am Rennsteig.

✗   An dieser Stelle weist ein Hinweisschild auf "Historische Meilerstätten" hin, die in rund 400 m Entfernung liegen. Ein halbierter Meiler sowie Erklärungstafeln stellen die Funktion eines Meilers dar. An diesem Punkt wurde 1967 letztmalig Holzkohle mit Hilfe eines Meilers hergestellt.

Ungefähr einen halben Kilometer führt der Rennsteig rechts der Straße entlang und zweigt dann rechts ab über eine Wiese bis zum Ortseingang von **Neustadt am Rennsteig** (⇨ km 88,3-89,2 ⇧ ca. 790 m).

Die Hauptstraße von Neustadt

Der heutige Ferienort mit seinen 1.450 Einwohnern bestand bis 1923 aus zwei getrennten Gemeinden mit 2 Kirchen, da der Rennsteig als Grenze zwischen dem Herzogtum Sachsen-Meiningen und dem Fürstentum Schwarzburg-Sondershausen mitten durch den Ort verlief. Der Ort war früher für die Herstellung von Zunderschwämmen und Zündhölzern bekannt; woher auch die volkstümlichen Namen "Schwammklopfer" (für die Neustädter Einwohner) und "Schwammneustadt" (für Neustadt am Rennsteig selber) resultieren.

Im Ort bestehen zahlreiche Übernachtungsmöglichkeiten (✗ 🛏 In Neustadt mehrfach, auch mit allen Quartierkategorien) sowie ein ⌘ Heimatmuseum.

🚌 🅿 Bushaltestellen und Parkplatz am südlichen Ortsausgang von Neustadt/R.

4. Etappe:
Neustadt am Rennsteig - Limbach

⇔   ungefähr 22 km

↗   ungefähr 329 m

↘   ungefähr 360 m

📖   Karte D

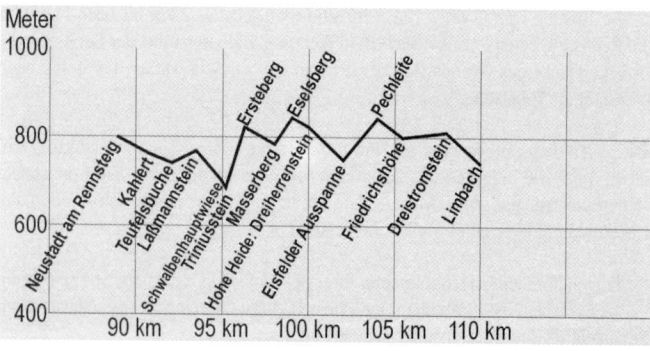

Neustadt am Rennsteig wird am südlichen Ende auf der Straße nach Kahlert verlassen. Am Ortsausgang weicht der Rennsteig oberhalb einer Tankstelle auf den Streifen zwischen weitläufigen Wiesen und der Straße aus. Links der Straße geht es bis **Kahlert** (⇨ km 90,7 ⇧ 760 m), einem Ortsteil von Neustadt a.R., der um 1700 mit einer Brauerei und zugehöriger Gaststätte von einem Grundbesitzer namens Kahlert gegründet wurde.

Hier lag früher eine Ausspanne an der Kreuzung einer bedeutenden Handelsstraße zwischen Franken, Thüringen und dem Rennsteig.

 Bushaltestelle.

In Kahlert wird die Kreuzung Gießübel - Altenfeld überquert und dann führt der Rennsteig nach Süden zum Waldrand.

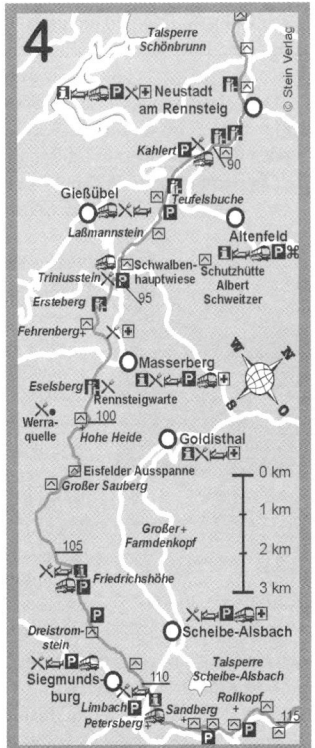

Vom Waldrand aus bietet sich nochmals ein schöner Blick über den nordwestlichen Frauenwald, den Schneekopf, und den abgerundeten Kickelhahn bei Neustadt am Rennsteig.

Auf einem ursprünglichen Pfad führt der Rennsteig weiter und erreicht nach knapp ¾ Kilometer wieder die Straße. Sie wird überquert und dann geht es parallel zur Straße weiter zur **Teufelsbuche** (⇨ km 92,3 ⇧ 740 m).

An der Teufelsbuche zweigt links ein Weg ab zur "Albert-Schweizer"

Schutzhütte an der Teufelsbuche

Bergwachthütte (✕) und rechts geht es nach Gießübel mit zahlreichen Verpflegungs- und Unterkunftsmöglichkeiten (✕ 🛌).

Etwa einen Kilometer später überquert der Rennsteig erneut die Straße und 200 m danach weist ein Hinweisschild zu einem 80 m östlich des Rennsteigs stehenden Gedenkstein, zum **Laßmannstein** (⇨ km 93,6 ⇧ 762 m).
Der Stein erinnert an den 1764 von Wilderern erschossenen fürstlichen Förster Christoph Wilhelm Laßmann aus Gehren.

Der Rennsteig führt wiederum über die Straße und knapp 1,5 km später wird die **Schwalbenhauptwiese** (⇨ km 94,8 ⇧ 703 m) erreicht.

An keiner anderen Stelle auf dem Rennsteig wird es so deutlich wie an der Schwalbenhauptwiese, daß der Rennsteig eine Wasserscheide ist. Knapp 100 m voneinander entfernt entspringen zwei Rinnsale, die in entgegengesetzte Richtungen fließen: Rechts des Rennsteigs entspringt in einer kleinen Quellmulde der Rehbach, dessen Wasser in die Werra und letztlich die Weser fließen. Links des Rennsteigs entspringt die Masse, deren Wasser über Schwarza und Saale der Elbe zufließen.

Wegweiser an der Schwalbenhauptwiese

Der Rennsteig entfernt sich hinter der Straßenkreuzung von der Straße nach Masserberg und erreicht wenige Meter später die Triniusbaude (✕ Triniusbaude, RT Mo, im Februar, Mai, Juni, September und Oktober kein RT, ☏ 036870/50430) mit dem oberhalb gelegenen **Triniusstein** (⇨ km 95,1 ⇧ 690 m). Der Porphyrfelsen trägt eine Gedenktafel für August Trinius (1851-1919), einen Thüringer Wanderer und Heimatschriftsteller, der im Jahr 1889 eine Runst unternahm und ein Jahr später den Rennsteigverlauf neu beschrieb.
Die Triniusbaude wurde am 7.10.1989, dem 40. Jahrestag der DDR, eingeweiht.

🚌 🅿 Bushaltestelle und Parkplatz.

An der Triniusbaude zweigt links ein uriger Hohlweg ab, durch den der Rennsteig nach Südosten hinaufführt. Plötzlich knickt der Rennsteig scharf rechts ab und verläuft das letzte Stück zum **Ersteberg** (⇨ km 96,3 ⇧ 825 m) in westlicher Richtung.

✖   Auf der Anhöhe zweigt rechts ein Weg zum Langertfelsen ab, der zur "Gießübler Schweiz" gehört und von dem sich ein schöner Ausblick bietet.

Der Weg führt weiter nach Südosten und wird durch zahlreiche Grenzsteine markiert, die linkerhand das Fürstentum Schwarzburg-Sondershausen (SS) und rechterhand das Herzogtum Sachsen-Meiningen (HSM) markieren. Nach dem **Fehrenberg** (⇨ km 96,8 ⇧ 819 m) folgt in Richtung Osten ein Abstieg über Wiesen.

✖   Bei guter Sicht lohnt sich ein Abstecher nach links zur Bühringshütte mit einem schönen Ausblick über Meuselbach und die Meuselbacher Kuppe, das Schwarzatal, den Kirchberg mit dem Fröbelturm sowie das Wurzelbergmassiv.

Der Rennsteig führt hinunter zur Paßstraße und damit zum Ortsrand von **Masserberg** (⇨ km 98,1 ⇧ 785 m), einer Gemeinde mit 3.400 Einwohnern.

Die Gemeinde Masserberg wurde am 1. April 1997 durch den Zusammenschluß der Orte Fehrenbach, Heubach, Masserberg und Schnett per Neugliederungsgesetz gegründet. Sie liegt mitten im Naturpark Thüringer Wald, zentral am Rennsteig und bietet zu jeder Jahreszeit ideale Möglichkeiten für Urlaub und Erholung (✖ ⇌ mehrfach in Masserberg). Wo der Rennsteig die Quellgebiete der Werra und Schleuse von denen der Schwarza trennt, befindet sich ein gut erschlossenes Erholungsgebiet rund um Masserberg. Den Besucher erwartet hier ein reichhaltiges, kulturelles und sportlich-touristisches Angebot. Hier befindet sich das Skigebiet "Oberer Wald" mit Masserberg als höchstgelegenem Ort der Region. Beliebte Ausflugsziele sind die Fehrenbacher Schweiz, die Werraquelle mit Werrateich, Sportcenter Heubach, Eselsgrund, Naturlehrpfad "Goldener Hirsch", St. Oswald Kirche mit Schnetter Malereien und natürlich das Badehaus in Masserberg. Das Skibigiet ist relativ schneesicher, für Alpin- und Snowboard-Fans befinden sich in der Region drei Schlepplifte.

Bekannt ist Masserberg darüber hinaus seit Mitte des 19. Jh. als Heimarbeitsdorf: es wurden unter anderem Puppen, runde Holzspanschachteln, Etiketten und Knöpfe aus Holz hergestellt. Mit einem Handhobel wurden Holzstäbchen für die im Nachbarort Neustadt a.R. angesiedelte Zündholzherstellung angefertigt.

Hinter Masserberg führt der Rennsteig auf befestigtem Weg (📷 S. 70, S. 88) hinauf zum **Eselsberg** (⇨ km 99 ⇧ 842 m) und der dortigen "Rennsteigwarte" mit Turmbaude ((✖ Turmbaude auf dem Eselsberg, RT Mi, ☎ 036870/50215).

🅵   Auf dem Eselsberg bietet die "Rennsteigwarte", die als einziger Aussichtsturm direkt auf dem Rennsteig steht, einen lohnenden Rundumblick. Der 37 m hohe Turm wurde 1974 an Stelle des im Jahr 1970 durch Blitzschlag zerstörten hölzernen Vorgängers errichtet.

Die GutsMuths-Hütte, die neben der Turmbaude steht, wird alljährlich im Mai als Versorgungsstation für die "kurze" Strecke des GutsMuths-Laufes, die "nur" 42 km lange Strecke zwischen Neuhaus am Rennweg und Schmiedefeld, genutzt.

Rund 200 m hinter der Warte führt der Rennsteig auf dem linken Weg weiter nach Südosten.

✖ Der rechte Weg führt in rund 1,5 km hinunter zur **Werraquelle**. Ein Besuch der in Stein gefaßten Werraquelle ist möglich, ohne daß der Weg zur Quelle im Hin- wie auch im Rückweg begangen werden muß, denn von ihr führen zwei Wege zurück zum Rennsteig: entweder zur Heidehütte oder zur Eisfelder Ausspanne. Je nachdem welcher Rundweg gewählt wird, muß auf 1 oder 2,5 km Rennsteig verzichtet werden. (📷 S. 76)

Einen knappen Kilometer hinter der Weggabelung wird die Heidehütte und der dort stehenden **Dreiherrenstein an der Hohen Heide** (⇨ km 100 ⇧ 832 m) erreicht.

Der Dreiherrenstein aus dem Jahre 1846 markierte einst die Grenze zwischen Schwarzburg-Sondershausen, Schwarzburg-Rudolstadt und Sachsen-Meiningen.

☺ Der folgende Rennsteigabschnitt bis kurz vor Ernstthal zeichnet sich durch zahlreiche, teils kunstvoll gehauene Grenzsteine, deren Alter bis in das Jahr 1598 zurückführt, aus. Besonders hervorzuheben ist der aus dem Jahr 1751 stammende Stein Nr. 93, der knapp einen halben Kilometer hinter der Heidehütte steht.

Der Rennsteig schlängelt sich zwischen dem nordöstlich gelegenen Goldberg und dem südwestlich gelegenen Weißberg hindurch und erreicht schließlich die **Eisfelder Ausspanne** (⇨ km 102 ⇧ 752 m). An der Eisfelder Ausspanne, dem kürzesten Übergang zwischen Werra- und Schwarzatal, kreuzen sich insgesamt sechs Wege.

Als schmaler Waldweg, oft tief eingegraben, führt der Rennsteig im weiteren Verlauf nach Süden über den **Großen Sauberg** (⇨ km 102,6 ⇧ 780 m) zur **Pechleite** (⇨ km 104 ⇧ 839 m).

Steingefaßte Werraquelle von 1897

Auf der Pechleite erinnert eine im Jahr 1925 vom Rennsteigverein an einem weißen Quarzblock - im Volksmund auch der "Weiße Kieselstein" genannt - angebrachte Gedenktafel an den Rennsteigwanderer und -forscher Bruno von Germar (1873-1924).

Der Rennsteig trifft bei einem großen Grenzstein von 1595 auf einen Forstweg, biegt gleich wieder links ab und führt auf einem urwüchsigen Pfad (📷 S. 85) nach Osten in Richtung **Friedrichshöhe** (⇨ km 105,5 ⇧ 800 m, ✘ 🛏 Gasthaus und Pension "Rennsteig", RT Di, ☎ 036704/80398 (✘) + ☎ 80659 (🛏); ✘ 🛏 Gasthaus und Pension "Hirschblick", RT Do, ☎ 036704/80498; 🛏 Pension "Arnika", ☎ 036704/ 80621).

1725 von Glasmachern gegründet, zählt mit seinen 32 Einwohnern zu den kleinsten Gemeinden in Deutschland und war zu DDR-Zeiten die kleinste Gemeinde der Republik. Friedrichshöhe wurde nach Herzog Ernst-Friedrich von Sachsen-Hildburghausen benannt.

🚌 🅿 Bushaltestelle und Parkplatz.

Der Rennsteig verläuft in einem kleinen Bogen nördlich um Friedrichshöhe am Waldrand entlang. An Stelle des Original-Rennsteigs, der inzwischen mit einer Straße identisch ist, wurde links der Straße ein kleiner Pfad angelegt.

Bei einem Mahnmal (Soldatengräber mit noch unmündigen, in den letzten Tagen des Krieges gefallenen Soldaten), das an den Wahnsinn des Zweiten Weltkriegs erinnern soll , führt der Rennsteig von der Straße weg in einen Wald hinein und erreicht 200 m später den **Dreistromstein** (⇨ km 108 ⇧ 812 m).

Der 1906 errichtete, dreiseitige Obelisk kennzeichnet die Wasserscheide zwischen Elbe, Weser und Rhein und gilt als einer der interessantesten hydrografischen Punkte Mitteleuropas. Hier berühren sich fast die Quellbäche von Zu- und Nebenflüssen der drei großen Flußsysteme. Der Sockel des Dreistromsteins besteht aus dem für das jeweilige Flußsystem typischen Gestein (Elbe: Granit; Weser: Grauwacke; Rhein: Quarz).

Dem Dreistromstein steht der Kleine Dreiherrenstein aus dem Jahr 1733 direkt gegenüber. Der Stein, der auch Dreiherrenstein am Saarzipfel genannt wird, markiert die ehemaligen Grenzen von Schwarzburg-Rudolstadt, Sachsen-Coburg-Meiningen und Sachsen-Hildburghausen.

Der Rennsteig verläuft im Wald weiter nach Osten zum 2 km entfernten **Limbach** (⇨ km 110,2 ⇧ 738 m) mit zahlreichen Verpflegungs- und Unterkunftsmöglichkeiten (✘ 🛏 Elkes Jägerstube, Limbach, kein RT, ☎ 036704/80193;

✗ ⇔ Hotel und Gasthof "Thomas Müntzer", Neumannsgrund (bei Limbach), ☎ 036704/80366; ✗ ⇔ Pension und Gasthaus "Alsbachberg" (400 m von Limbach), ☎ 036704/80267).

Limbach wurde 1731 mit einer von Johann Gottfried Greiner erbauten Glashütte gegründet. Gotthelf Greiner arbeitete seit 1761 an der Herstellung von Porzellan, was ihm schließlich am 14.7.1772 gelang. Gotthelf Greiner löste insofern das Geheimnis der Porzellanherstellung unabhängig von Böttgers Erfindung des europäischen Porzellans (1706) praktisch zum zweiten Mal.

P   Am "Greinerhaus", dem Sitz des Fremdenverkehrsbüros in Limbach.

✗   Weitere ✗ ⇔ Einkehr- und Quartiermöglichkeiten gibt es in Scheibe-Alsbach, Steinheid, Friedrichshöhe, Siegmundsburg und Limbach.

5. Etappe:
Limbach - Steinbach am Wald

⇔   ungefähr 29 km
↗   ungefähr 308 m
↘   ungefähr 421 m
📖   Karte E

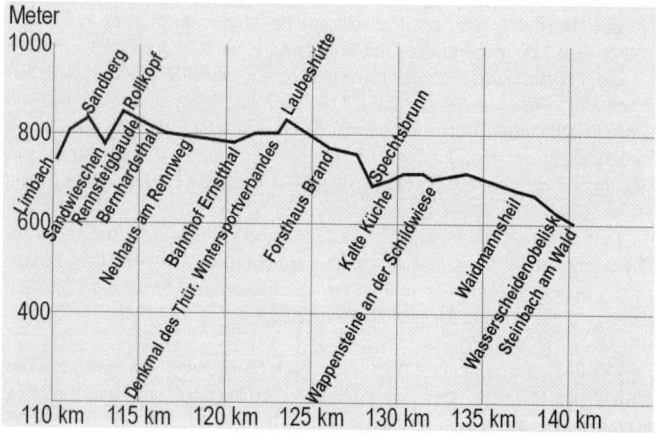

Von Limbach aus führt der Rennsteig am Waldrand den **Petersberg** (⇨ km 111 ⇧ 834 m) hinauf. Links vom Petersberg befindet sich das **Kieferle** (⇧ 834 m), der höchste Berg des Thüringer Schiefergebirges.

Knapp unterhalb des Petersberges liegt südlich Steinheid, eine ehemalige Goldbergbaustadt. Sie wurde bereits 1362 urkundlich als Steinerne Heyde erwähnt und 1530 zur freien Bergbaustadt erhoben.

Durch Fichtenwälder und Latschenkiefernbestände verläuft der Rennsteig zum **Sandberg** (⇨ km 111,9 ⇧ 834 m).

✖ Vom Sandberg aus führen Wege zum nördlich gelegenen Stausee von Scheibe-Alsbach, dessen Talsperre von 1937-1942 angelegt wurde.

Im weiteren Rennsteigverlauf liegen diverse ehemalige Steinbrüche, in denen das Kaolin für die Porzellan- und der Sand für die Glasherstellung abgebaut wurden. Ein Hohlweg führt zum **Sandwieschen** (⇨ km 112,8 ⇧ 777 m) mit der massiv gebauten Steinheidner Schutzhütte.

🅿 Parkplatz.

✖ Vom Sandwieschen aus ist ein Abstecher in nördliche Richtung (ca. 0,5 km) zur steingefaßten Schwarzaquelle (⇧ 717 m) empfehlenswert.

Der Rennsteig trifft auf die B 281 die nach Neuhaus am Rennweg führt, verläßt

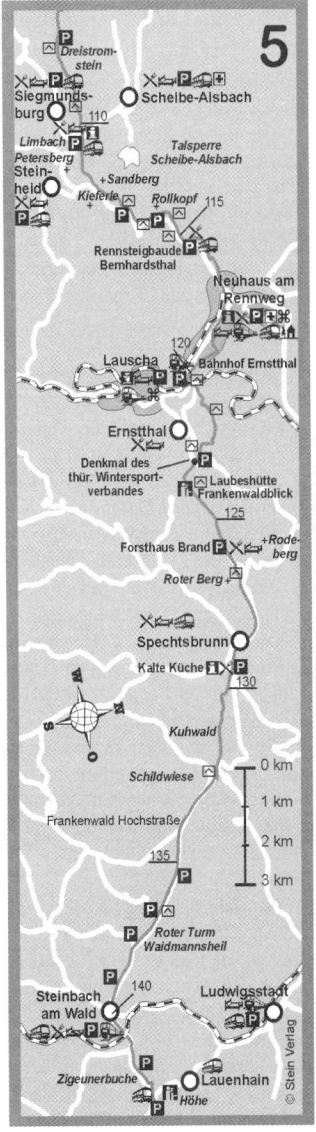

diese aber kurz danach in einer Rechtskurve und führt links hinauf zum **Rollkopf** (⇨ km 114 ⇧ 849 m), dessen Südflanke auch Bilbertsleite genannt wird.

Der Rennsteig verläuft die folgenden 3 km in nordöstlicher Richtung auf Neuhaus am Rennweg zu. 2 km hinter dem Rollkopf wird nach **Bernhardsthal** eine Rennsteigbaude (⇨ km 115,4 ⇧ 819 m) erreicht (✖ Rennsteigbaude Bernhardsthal, 🍴 täglich ab 11:00, ☎ 03679/722078).

☺   In unmittelbarer Nähe der Rennsteigbaude, einem früheren Forsthaus, befinden sich zwei Rennsteigwanderhütten und das Waldbad von Neuhaus am Rennweg.

In Bernhardsthal stand früher die Glashütte Glücksthal, die hochwertiges Tafelglas herstellte. Sie wurde 1737 erbaut und mußte 1838, rund 100 Jahre später, ihre Pforten schließen. 1856 wurde sie schließlich abgerissen.

Hinter der Gaststätte trifft der Rennsteig wieder auf die Originalroute und führt weiter in Richtung Nordosten nach **Neuhaus am Rennweg** (⇨ km 116,8-118,9 ca. ⇧ 820 m) (✖ 🛏 In Neuhaus am Rennweg und in Ernstthal gibt es zahlreiche Verpflegung- und Unterkunftsmöglichkeiten).

Neuhaus a.R. ist die einzige Stadt unmittelbar am Rennsteig und zugleich die höchstgelegene Stadt Thüringens. Die Kreisstadt entstand 1922 aus dem Zusammenschluß der Gemeinden Neuhaus, Schalenbuche und Igelshieb. Das Stadtrecht erhielt Neuhaus am Rennweg 1933. Die Kreisstadt mit 7.200 Einwohnern liegt an der Bundesstraße 281 und ist das ökonomische und kulturelle Zentrum eines durch Industrie und Tourismus geprägten Gebirgskreises.

Der Ort wurde im 16. Jahrhundert gegründet (erste urkundliche Erwähnung: 1607). Seinen Namen erhielt Neuhaus von einem 1673 erbauten Jagd- und Herrenhaus, dem sogenannten "Neuen Haus". Um 1864 erhielt Neuhaus den postalischen Zusatz "am Rennweg", um Verwechslungen mit anderen Orten namens "Neuhaus" zu vermeiden.

Der Rennsteig biegt in Neuhaus am Rennweg erst in die Bahnhofsstraße und später, hinter dem Güterbahnhof, links in die Rennsteigstraße ein. An der nächsten Abzweigung folgt er rechts der Sonneberger Straße. Trotz zahlreicher Bauvorhaben in den letzten Jahrzehnten stehen dort immer noch einige Rennsteigsteine, was belegt, daß die Sonneberger Straße der ursprüngliche Rennsteigverlauf ist. Am "Hotel Hirsch" weicht der Rennsteig halblinks auf Wiesenflächen aus und nähert sich dem Stadtrand von Neuhaus am Rennweg. Am letzten Haus am Weg an einer Weggabelung verläuft der Rennsteig geradeaus in Richtung Wald. Am Wald angelangt biegt der Rennsteig rechts ab und führt am Waldrand in Richtung

Südosten nach Ernstthal. Zahlreiche Grenzsteine mit den Markierungen SM (Sachsen-Meiningen) und SR (Schwarzburg-Rudolstadt) weisen den Weg. Kurz vor Ernstthal trifft der Rennsteig auf eine asphaltierte Straße. Dort steht auch der verwitterte **Dreiherrenstein Hoher Lach** (⇨ km 119,9 ⇧ 780 m).

An der Straße muß der mittlere Schotterweg nach Ernstthal gewählt werden, der schließlich zum **Bahnhof Ernstthal** (⇨ km 120,4 ⇧ 769 m) führt. Am Bahnhof Ernstthal, der mit seinen 769 m der höchste Bahnhof in Thüringen mit Personenbeförderung ist, wird vom Rennsteig die touristisch interessante Eisenbahnlinie Saalfeld - Sonneberg (Linie 566) im Scheitelpunkt gekreuzt. Allerdings kann der Rennsteig seit 1913 nicht mehr seinem ursprünglichen Verlauf folgen, denn er wurde durch die Bahntrasse verdrängt.

In Ernstthal weisen einige Schilder auf den "Naturlehrpfad Rennsteig" hin. Da dieser neu angelegte Naturlehrpfad auf dem Rennsteig verläuft, muß nur dieser Beschilderung gefolgt werden. Entsprechend den Wegweisern wird Ernstthal nach Osten durch ein Waldstück verlassen. Nach einem Anstieg wird kurz hinter Ernstthal an einer Wegkreuzung das **Denkmal des Thüringer Wintersportverbands** (⇨ km 123 ⇧ 805 m) erreicht.

🅿 Parkplatz.

Das Denkmal, ein großer Findlingsblock, wurde 1921 zu Ehren der im Ersten Weltkrieg gefallenen Wintersportler errichtet. Am Gefallenen-Denkmal war auch der Zieleinlauf der 100 km-Skilanglauf-Staffel, die am Glöckner in Ruhla gestartet wurde und erstmals 1922 durchgeführt wurde.

Bis zur Grenzöffnung im November 1989 endete hier für "Renner" die Runst, denn hinter dem Gefallenen-Denkmal begann das Sperrgebiet der DDR-Grenze. Dies wurde durch die DDR-Oberen mit einem großen Schild "Endpunkt des Rennsteigs" deutlich markiert. Um keine Diskussionen aufkommen zu lassen, durfte in keiner Literatur die im Grenzgebiet und im Fränkischen liegenden Abschnitte des Rennsteigs erwähnt werden. Im DDR-Wanderatlas "Rennsteig" stand daher auch zu lesen: "Der Rennsteig verläuft auf 120 km Länge im Südwesten der DDR über den Kamm des Thüringer Gebirges von Clausberg bis Ernstthal."

☺ Da die folgenden Abschnitte zu DDR-Zeiten nicht gepflegt wurden, folgen nun einige sehr ursprüngliche Abschnitte des Rennsteigs.

Auf urigen Pfaden geht es hinauf zum Gipfel der **Laubeshütte** (⇨ km 123,5 ⇧ 830 m).

✗   Von hier aus ist ein Abstecher in südwestliche Richtung (ca. 100 m) zum "Frankenwaldblick", einem Ausblick in südöstlicher Richtung, empfehlenswert.

Der Rennsteig verläuft nahezu eben auf einem Waldweg nach Ostnordost, verliert nach gut 2 km an Höhe und trifft auf die Brandstraße.

✗   Folgt man der Brandstraße nach rechts, so wird nach einem knappen halben Kilometer das **Forsthaus "Brand"** (⇨ km 126 ⇧ 770 m) erreicht. Das Forsthaus ging aus einer 1905-1907 erbauten herzoglichen Griffelhütte hervor. Es wurde um Finnhütten ergänzt und bis zur Wende als Ferienobjekt des Ministeriums für Staatssicherheit der DDR genutzt. Heute bietet es Rennern Versorgung und Unterkunft (✗ 🛏 Berggasthaus Brand bei Spechtsbrunn, RT Di, ☎ + FAX 036703/80529).

Der Rennsteig überquert die Brandstraße und folgt dem 1995 neu markierten Original-Rennsteig. Weitere nach rechts führende Abzweige sind mit "Berggasthof Brand" ausgeschildert. Nach ungefähr 1,5 km wird die Brandstraße erneut erreicht. Ihr folgt der Rennsteig nach rechts, zweigt allerdings nach 100 m bereits wieder links am Waldrand ab. Nach weiteren 1,5 km trifft der Original-Rennsteig auf die Straße nach Spechtsbrunn.

☺   Um dieser relativ stark befahrenen Straße zu entgehen, wurde eine Alternativroute mit weißen "R" ausgeschildert. Am Ende der Wiese zweigt der neu markierte Weg an der ersten Weggabelung rechts ab und führt nach Südosten auf den **Roten Berg** (⇧ 799 m) hinauf. Dort tritt die Alternativroute aus dem Wald heraus. An einer neu errichteten Schutzhütte knickt der Weg links ab und führt auf einem Feldweg hinunter nach **Spechtsbrunn** (⇨ km 128,4-128,9 ⇧ ca. 680 m). Hier gibt es zwei Gasthäuser mit Verpflegungs- und Unterkunftsmöglichkeiten (✗ 🛏 Gasthaus "Am Rennsteig" RT Mi, ☎ 036703/80389; ✗ 🛏 Gasthaus Peterhänsel, Sonneberger Str. (neben der Kirche), RT Do, ☎ 036703/81191).

☺   Der Ort mit 600 Einwohnern hat eine bemerkenswert schöne Barockkirche aus dem Jahr 1746.

 Bushaltestelle.

Bereits 1 km hinter Spechtsbrunn ist an der **Kalten Küche** (⇨ km 129,4

Das Berggasthaus "Kalte Küche"

⇧ 696 m) eine weitere Möglichkeit, um sich zu erfrischen oder zu stärken (✗ Berggasthaus "Kalte Küche" an der B 85 bei Spechtsbrunn, täglich ab 14:00, ☎ 036703/80359). Das dortige Gasthaus wurde 1932 eröffnet.

Der Name Kalte Küche entstand aus den Begriffen "Calde" = Grenze und "Kuche", was aus demFränkischen abgeleitet soviel wie kleine Kirche bedeutet.

Nationalpark-Information

🅿 Parkplatz mit Naturpark-Informationszentrum und Grill/Imbiß. Ausstellung zu Geologie, Flora und Fauna des Thüringer Waldes.

Die Gaststätte "Kalte Küche" liegt direkt an der Straßenkreuzung Gräfenthal - Tettau/Spechtsbrunn - Steinbach am Wald. Hier kreuzt der Rennsteig die alte Heer- und Handelsstraße von Nürnberg nach Leipzig, die zu früheren Zeiten auch "Judenstraße" genannt wurde und einer der bedeutendsten Gebirgsübergänge des Thüringer Waldes war.

Ungefähr an der Kalten Küche geht das Thüringer Schiefergebirge in den Frankenwald über.

Der Rennsteig überquert die Straße Saalfeld - Sonnefeld und führt links auf einem asphaltierten, ehemaligen Grenzpostenweg zum **Kuhwald** (⇨ km 131 ⇧ 730 m) hinauf.

Auf dem folgenden Kilometer überschreitet der Rennsteig dreimal die frühere innerdeutsche Grenze zwischen Thüringen und Bayern. Nur noch wenig deutet auf die ehemals bestgesicherte Grenze der Welt hin, zumal sich die Natur nach mehr als einem Jahrzehnt bereits viel "zurückerobert" hat. An der **Schildwiese** (⇨ km 132,2 ⇧ 700 m) steht ein Gedenkstein zur ersten gesamtdeutschen Rennsteigwanderung 1990 sowie zwei besonders schöne Wappensteine.

Die zwei Wappensteine stammen aus den Jahren 1725 und 1789 und markierten die alte Landesgrenze zwischen Thüringen und Bayern. Der Stein mit der Nmmer 197 trägt auf der einen Seite das Kursächsische Wappen (EHZS 1725; die Abkürzung bedeutet:

Rennsteig-Gedenkstein

Johann Ernst Herzog zu Sachsen-Coburg-Saalfeld 1680-1729) und auf der anderen Seite den Adler (GWMZB 1725; die Abkürzung bedeutet: Georg Wilhelm Markgraf zu Beyreuth). Der Stein mit der Nummer 198 trägt die Buchstaben AL (Amt Lauenstein, markgräflich) und AG (Amt Gräfenthal, ernestinisch).

Nach kurzer Zeit muß die Frankenwald Hochstraße überquert werden. Ungefähr 200 m hinter der stark befahrenen Straße bietet ein Hinweisschild für den weiteren Wanderweg nach Steinbach am Wald zwei Möglichkeiten an.

Der Rote Turm

☹   Auf der Trasse des Original-Rennstigs wurde inzwischen die Frankenwald Hochstraße gebaut. Es wurde zwar 1991 direkt neben der Straße ein Ersatz-Wanderweg gebaut, da die Straße allerdings stark befahrenen ist, ist es aus meiner Sicht empfehlenswert, die folgenden 6 km vom Original-Rennsteig abzuweichen.

☺   Der Alternativweg ist nur unwesentlich länger, führt dafür aber durch den Wald. Er zweigt links ab und führt zu einer Quelle mit Rastplatz (Wollerbrunn). Nach dem folgenden kurzen Aufstieg zweigt die Alternativroute mehrfach rechts oder links ab, behält aber trotz dieses Zick-Zack-Kurses immer die südöstliche Richtung bei (☞ Es gibt ausreichende Markierungen, weiße "R", die aber oft erst hinter den Abzweigungen angebracht sind; etwas Aufmerksamkeit ist also gefordert. Letztlich verläuft die Alternativroute immer in Hörnähe parallel zur Frankenwald-Hochstraße. Schließlich trifft die Route auf den Bärenbrunnenweg, der von Ludwigstadt kommt, und erreicht über diesen die Wegkreuzung am **Roten Turm** (⇨ km 136,7 ⇧ 680 m). Der Rote Turm entpuppt sich als 4 m hoher, rot angestrichener Baumstamm, an dem ein Schild mit aufgemaltem Turm, Wildschwein und Bär angebracht ist. Über einen Wanderparkplatz wird ein breiter Weg erreicht, der an den Ruinen des 1988 abgebrannten **Waldhaus "Waidmannsheil"** (⇨ km 136,9 ⇧ 677 m) vorbeiführt.

In dem 1988 Brandstiftung zum Opfer gefallenen Waldhaus "Waidmannsheil" (Hotel mit Gaststätte) wurde 1896

Picknicktisch am Roten Turm

auf Initiative von Ludwig Hertel und Johannes Bühring der Rennsteigverein gegründet. Der Verein widmet sich seitdem der Erforschung und Betreuung des historischen Kammweges. Die Waldgaststätte wurde 1845 als Ersatz für ein ebenfalls fünf Jahre zuvor abgebrannte Forsthaus aus dem Jahre 1805 errichtet.

P   Parkplatz.

Die letzten 2 km nach **Steinbach am Wald** (⇨ km 139,3-140,5 ⇧ ca. 600 m) verlaufen leider auf einem kleinen Weg direkt neben der Frankenwald-Hochstraße entlang. Immerhin sind es Dank der Alternative nur zwei und nicht 8 km.

In Steinbach am Wald gibt es zahlreiche Verpflegungs- und Unterkunftsmöglichkeiten (u.a. Schießzentrum Rennsteig ✕ ⇐; Hotel "Rennsteig" ⇐; Gasthaus und Pension "Rennsteig" ⇐).

An der Kreuzung des Rennsteigs mit der Bundesstraße 85 steht ein Obelisk aus dem Jahr 1856 (1956 erneuert), der die Wasserscheide zwischen Elbe und Rhein bezeichnet.

6. Etappe:
Steinbach am Wald - Blankenstein

⇔   ungefähr 29 km

↗   ungefähr 187 m

↘   ungefähr 396 m

📖   Karte F

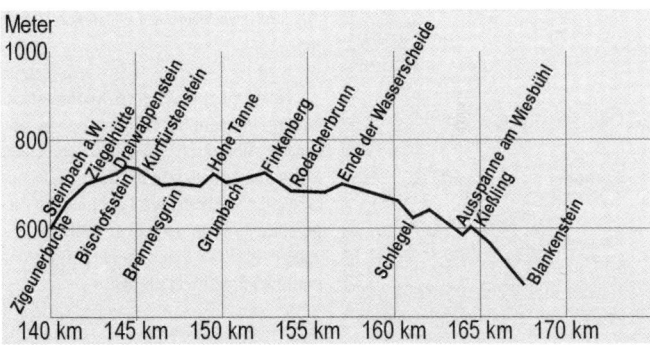

Nachdem der Rennsteig die B 85 gekreuzt hat, orientiert er sich nach Nordosten und überquert auch die Eisenbahnhauptstrecke Berlin - München.

An der Eisenbahnbrücke liegen die sogenannten "Brückensteine", die im Jahr 1984 vom Kronauer Bildhauer Heinrich Schreiber geschaffen wurden. Der Sandstein aus Franken ist 4 Tonnen schwer und der Sandstein aus dem Elbsandsteingebirge gar 8 Tonnen. Die Steine sollen die verbindende Rolle des Rennsteigs betonen; die Brücke zwischen den Steinen ist gleichzeitig ein Zeichen der Verbundenheit Thüringens und Bayerns.

Hinter der Brücke geht es auf der Rennsteigstraße auf den Ortausgang von Steinbach am Wald zu. Nur 100 m hinter dem Ortsausgang zweigt links ein Weg von der Straße ab, der parallel zur Straße im Wald zur **Zigeunerbuche** (⇨ km 141,3 ⇧ 658 m) führt.

Die Gedenktafel an der Zigeunerbuche erinnert an den Reformator Martin Luther, der im Jahr 1530 hier mit der Absicht vorbeikam, in Lehesten zu predigen.

Nach einem weiteren Kilometer auf einem Wiesenpfad direkt neben der Straße überquert der Rennsteig die Kreuzung Ludwigsstadt - Teuschnitz und erreicht die ehemalige Lauenhainer Ziegelhütte (⇨ km 142,3 ⇧ 680 m), die später ein Gasthaus beherbergte und heute komplett leer steht.

   Bushaltestelle.

✖ Ein kurzer Abstecher zur nordwestlich gelegenen Lauenhainer Höhe ist wegen der guten Aussicht zu empfehlen.

Der Rennsteig biegt kurz nach der Ziegelhütte nach rechts von der Straße nach Lehesten ab und führt durch einen Fichtenwald in Richtung Südosten. Nach etwa einem Kilometer biegt der Rennsteig links auf den Schönwappenweg ab. Der Schönwappenweg ist mit einer Länge von ungefähr 2 km einer der eindrucksvollsten Abschnitte des Rennsteigs, da er an einigen der ältesten Grenzsteine vorbeiführt. Der idyllische Pfad am Waldrand verlief einst unmittelbar an den unrühmlichen Grenzbefestigungsanlagen der DDR

Der Stein am Kießlich

entlang. Gleich zu Beginn des Schönwappenwegs steht der **Dreiwappenstein am Kießlich** (⇨ km 143,8 ⇧ 723 m) aus dem Jahr 1717. An dieser Stelle stießen die Gebiete der Markgrafschaft Bayreuth, des Bistums Bamberg und der Wettinger zusammen.

Der nächste Stein ist der jüngste Grenzstein des Rennsteigs. Er stammt aus dem Jahr 1935 und trägt das Wappen von Bayern und Thüringen.

Auf den folgenden 2 km werden zahlreiche Grenzsteine passiert, die größtenteils die Initialen KB (Königreich Bayern) und HSM (Herzogtum Sachsen-Meiningen) tragen. Bemerkenswert ist der **Bischofsstein** (⇨ km 144,6 ⇧ 729 m) aus dem Jahr 1619. Schließlich führt der Rennsteig am ältesten Grenzstein des Rennsteigs entlang: dem **Kurfürstenstein** (⇨ km 145,1 ⇧ 725 m) aus dem Jahr 1513. Glücklicherweise ist er noch so gut erhalten, daß auf der Vorderseite das sächsische Wappen mit den gekreuzten Schwertern und dem Rautenkranz sowie auf der Rückseite das bischöflich-bambergische Wappen erkennbar sind.

Am Kurfürstenstein knickt der Rennsteig links ab und überquert den "Todesstreifen" der ehemaligen Grenze. Auf der "DDR-Seite" der Grenze steht eine im Jahr 2000 neu errichtete Schutzhütte mit Informationstafeln und Bildern von der ersten grenzüberschreitenden Rennsteigwanderung nach der Grenzöffnung im Jahr 1990, die von Brennersgrün zur Kalten

Bischofsstein von 1619

Küche führte. Im Fichtenwald führt der Rennsteig noch ein kleines Stück nach Norden, knickt dann aber rechts ab und überquert dabei die Dober, den zweiten und letzten Bach während der gesamten Rennsteigwanderung. Der Rennsteig passiert auf diesem Abschnitt den **Wetzstein** (⇑ 792 m) südlich.

Auf dem Gipfel des Wetzsteins befand sich bis 1991 eine Radarstation. Für die Errichtung dieser Radarstation wurde 1979 der "Bismarckturm" gesprengt, der 1902 als erster Aussichtsturm am Rennsteig eingeweiht wurde.

Knapp 2,5 km nach dem Kurfürstenstein wird **Brennersgrün** (⇨ km 147,3-147,9 ⇑ ca. 705 m) erreicht. Der kleine Ort mit seinen 190 Einwohnern entwickelte sich aus einem Vorwerk von Lehesten und bietet in Privatquartieren sowie einer Pension Unterkunft für Renner (✗ ⇐ Gasthaus und Pension "Zum grünen Wald", Brennersgrün, Ortsstr., RT Do, ☎ 036652/25922).

     Bushaltestelle.

In dem kleinen Ort, der durch seine 40-jährige Lage im Sperrgebiet seinen ursprünglichen Charakter erhalten hat, wird klar ersichtlich, daß im Nachbarort Lehesten die größten Schieferbrüche Deutschlands liegen, denn nahezu jedes Haus ist mit Schiefer verkleidet.

Der Rennsteig führt direkt über die Dorfstraße von Brennersgrün und biegt am Ortsausgang nach links in Richtung Osten von ihr ab. Am Grenzstein Nr. 166 wird der ehemalige Grenzstreifen das sechste und letzte Mal überschritten. Der restliche Abschnitt des Rennsteigs verläuft auf thüringischem Gebiet.

Kurz danach wird die **Hohe Tanne** (⇨ km 149,5 ⇑ 722 m) erreicht, wo früher ein Dreiherrenstein aus dem Jahr 1675 stand. Auch sein schmuckloser Nachfolger, der einst die Grenze zwischen Franken (SO), Bayern (SW) und Sachsen-Meiningen (NW) markierte, ist heute nicht mehr auffindbar.

🅿️   Von der Hohen Tanne bietet sich ein schöner Blick auf Brennersgrün und in Richtung des Wetzsteins.

Knapp 2 km später wird **Grumbach** (⇨ km 151,4 ⇑ 710 m), ein Ort mit ungefähr 100 Einwohnern, der aus einer 1616 gegründeten Glashütte hervorgegangen ist, erreicht. In Grumbach bietet ein Gasthaus Verpflegung und Unterkunft (✗ ⇐ Gasthaus "Zum Frankenwald" in Grumbach, RT Do, ☎ 036652/22832).

     Bushaltestelle.

Der Rennsteig überquert die Straße Brennersgrün - Grumbach und umgeht dann nördlich den kleinen Ort. Hinter Grumbach wird die Straße Lehesten - Saalfeld - Nordhalben vom Rennsteig gekreuzt, daraufhin geht es im Fichtenwald über den **Finkenberg** (⇨ km 152,6 ⇧ 725 m) und schließlich wird nach 2,5 km **Rodacherbrunn** (⇨ km 154 ⇧ 685 m), ein Ortsteil von Titschendorf, erreicht (✗ ⛄ Schankwirtschaft "Mareile am Rennsteig", ⬛ tägl. ab 9:00, ☎ 036652/22012; ✗ Getränkeverkauf, Rodacherbrunn Nr 4, ☎ 036652/22233, Mo-Fr ⬛ 16:30-18:30, Sa/So 9:30-11:30). Die kleine Siedlung mit ungefähr 50 Einwohnern liegt an der Quelle der Rodach, einem Bach, der dem Main zufließt.

   Bushaltestelle.

Der kleine Ort hatte bereits im 16. Jahrhundert eine gewisse Bedeutung, denn es wurde in alten Aufzeichnungen ein "Wirtshaus zum Rodiger Brunn" erwähnt. Der Rennsteig kreuzt am nördlichen Ortsrand von Rodacherbrunn die alte Landstraße von Kronach nach Lobenstein, die früher unter dem Namen "Mittlere Handelsstraße" bekannt war und Nürnberg mit Leipzig verband. Darüber hinaus wurde im siebenjährigen und im napoleonischen Krieg der Paß bei Rodacherbrunn mehrfach von Truppen überquert.

In Rodacherbrunn folgt der Rennsteig der asphaltierten Straße Rodacherbrunn - Neundorf und biegt nach wenigen Metern rechts in den Wald ab. Nach einem knappen Kilometer wird auf einem breiten Schotterweg die Straße von Schlegel nach Lobenstein erreicht. Einen weiteren Kilometer später verläuft der Rennsteig über den **Gehrenflecken** (⇨ km 157,6 ⇧ 686 m).

In diesem Bereich, bei km 157 verläßt der Rennsteig erstmals seit Hörschel die Wasserscheide. Er verbleibt von nun an bis Blankenstein im Einzugsgebiet der Saale. Die Wasserscheide zwischen Elbe und Rhein verläuft von hier aus nach SO in Richtung Schneeberg, dem höchsten Berg des Fichtelgebirges (1051 m).

Auf einem asphaltierten Weg führt der Rennsteig an einer ehemaligen Kaserne der DDR-Grenztruppen sowie einem Steinbruchgelände vorbei. Auf dem beschriebenen Abschnitt verläuft der Rennsteig im Zick-Zack, aber immer die östliche Richtung beibehaltend.

✋   Bei den zahlreichen Abzweigen und Wegkreuzungen muß aufmerksam auf die Markierungen, das weiße "R", geachtet werden.

An einer Schutzhütte ungefähr bei ⇨ km 159 zweigt der Rennsteig rechts ab und umgeht südlich den **Lobensteiner Kulm** (⇨ km 159,9 ⇧ 670 m), dessen

Gipfelbereich wegen der an der Nordseite stattfinden Steinbrucharbeiten (Diadas, ein sehr hartes Gestein) absturzgefährdet und daher gesperrt ist.

Einen Kilometer später zweigt der Rennsteig links und an der folgenden Weggabelung erneut links ab und erreicht die Straße Schlegel - Neuendorf, die er quert.

🏠 Nachdem der Rennsteig den Wald verlassen hat, bietet sich ein guter Blick nach Südosten auf Schlegel, Lichtenberg und den höchsten Berg des Frankenwaldes, den **Döbraberg** (⇧ 795 m).

Nach einem Kilometer erreicht der Rennsteig **Schlegel** (⇨ km 161,2 ⇧ 625 m, ✗ Gasthaus "Rennsteig", ☎ 036642/22296).
Der Ort mit seinen 440 Einwohnern, 290 direkt in Schlegel und weitere 150 im Ortsteil Seibis, ist bekannt für seine zwei Diabas-Steinbrüche. In einem Steinbruch wird ein scharzer Diabas abgebaut, der in ganz Mitteleuropa einzigartig ist.

Der Original-Rennsteig verläßt Schlegel auf der Straße nach Blankenstein. Eine neu angelegte Variante führt in östlicher Richtung durch die Felder und erreicht nach einem Kilometer ebenfalls die Straße. Auf beiden Seiten der Straße wurden und werden noch kleine Wege und Pfade angelegt, damit der Renner nicht die letzten Kilometer auf der Straße nach Blankenstein wandern muß. Knapp 3 km hinter Schlegel wird eine Straßenkreuzung erreicht, die Ausspanne am Wiesbühl (⇨ km 163,9 ⇧ 585 m). Dort kreuzt der Rennsteig am letzten Gebirgsübergang die alte Poststraße von Lichtenberg nach Lobenstein. An der Ausspanne ist inzwischen ein Rasthaus mit großem Rastplatz errichtet und 1999 eingeweiht worden.

Wiederum parallel zur Straße nach Blankenstein führt der Rennsteig weiter nach **Kießling** (⇨ km 165,4 ⇧ 570 m, ✗ Gasthaus "Zum Grünen Baum", ☎ 036642/22575).

🏠 Kurz vor Kießling bietet sich ein guter Ausblick nach Süden in das Saale- und Selbitztal mit Blankenstein.

Noch ein paarmal von der Straße nach Blankenstein abweichend verliert der Rennsteig immer mehr an Höhe und nähert sich seinem Ziel: Blankenstein. Kurz vor Blankenstein biegt der Rennsteig an den **Gehöften von Abgesang** (⇨ km 166,6 ⇧ 522 m) an den 1934 gesetzten drei "Rennsteigeichen" links ab und führt hinunter zum Bahnhof nach **Blankenstein** mit zahlreichen Verpflegungs- und Unterkunftsmöglichkeiten (✗ 🛏 Mehrfach in Blankenstein). Direkt gegen-

über dem Bahnhof, hier endet die Eisenbahnlinie 565 von Saalfeld, befindet sich
der **"Steinerne Rennsteigwanderer"**
(⇨ km 167,6 ⇧ 434 m), der die Richtung nach Hörschel anzeigt. Er stellt den
thüringer Heimatschriftsteller August Trinius dar (📷 S. 120). Dieses Denkmal
ersetzt seit 1903 die damals stark verwitterte hölzerne Darstellung des "Renn-
steigmönches", der an die wichtige Rolle

Die Selbitzbrücke

der Klöster bei der Besiedlung des Thüringer Waldes hinweisen sollte.

Um zur Selbitzbrücke, dem eigentlichen Endpunkt des "Pläncknerschen Rennsteigs", zu gelangen, führt hinter dem Bahnhof ein kleiner Pfad mit Treppen rechts
hinunter zur Selbitz. An der vor 10 Jahren wieder neu errichteten **Selbitzbrücke**
(⇨ km 168,3 ⇧ 414 m) steht der 1990 vom GutsMuths-Rennsteiglauf-Verein
gestiftete Gedenkstein, der Julius von Plänckner, dem Ahnherrn des Rennsteigs,
gewidmet ist.

Von der Selbitzbrücke kann der Werrastein, der in Hörschel aufgenommen und
uns auf der gesamten Runst begleitet hat, in die Selbitz geworfen werden.

Mit diesem alten Brauch heißt es auch Abschied nehmen vom Rennsteig, denn
dessen östliches Ende ist hier erreicht.

"Gut Runst!"

Gedenkstein "Der Rennsteigwanderer" in Blankenstein (S. 119)

Index

Alle Bücher aus dem Conrad Stein Verlag

OutdoorHandbücher
Basiswissen für Draussen

Band		€
1	Rafting	6,90
2	Mountainbiking	6,90
3	Knoten	6,90
4	Karte Kompaß GPS	7,90
5	Eßbare Wildpflanzen	6,90
6	Skiwandern	6,90
7	Wildniswandern	6,90
8	Kochen 1 aus Rucks. u. Packtasche	6,90
9	Bergwandern	6,90
10	Solo im Kanu	6,90
11	Kanuwandern	7,90
12	Fotografieren	7,90
13	Wetter	6,90
14	Allein im Wald - Survival für Kinder	6,90
15	Wandern mit Kind	6,90
16	Sex-Vorbereitung Technik Varianten	6,90
20	Wüsten-Survival	7,90
21	Angeln	7,90
22	Leben in der Wildnis	7,90
24	Ratgeber rund ums Wohnmobil	7,90
25	Wale beobachten	7,90
30	Spuren & Fährten	7,90
31	Canyoning	7,90
34	Radwandern	7,90
35	Mushing - Hundeschlittenfahren	7,90
36	Gesund unterwegs	6,90
39	Erste Hilfe	7,90
45	Solotrekking	6,90
48	Für Frauen	6,90
58	Fahrtensegeln	7,90
65	Seekajak	6,90
68	Minimal Impact	6,90
	- Outdoor - naturverträglich	
69	Abenteuer Teeniegruppe	6,90
70	Wintertrekking	6,90
72	Schnorcheln und Tauchen	6,90
73	Trekkingreiten	7,90
77	Wohnmobil in USA und Kanada	9,90
86	Regenwaldexpeditionen	7,90
94	Wattwandern	7,90
97	Urlaub auf dem Land	7,90
99	Kochen 2 - für Camper	6,90

Band		€
100	Ausrüstung 1 - von Kopf bis Fuß	7,90
101	Ausrüstung 2 - für Camp und Küche	7,90
102	Ballonfahren	6,90
103	How to shit in the Woods	7,90
104	Globetrotten	7,90
106	Daumensprung und Jakobsstab	6,90
108	DocHoliday - Taschendoktor für Outdoorer, Traveller und Yachties	6,90
120	Trailfinder - Orientierung ohne Kompaß und GPS	6,90

OutdoorHandbücher
Der Weg ist das Ziel

Band		€
17	Schweden: Sarek	12,90
18	Schweden: Kungsleden	12,90
19	Kanada: Yukon	12,90
23	Spanien: Jakobsweg	12,90
26	Schottland: West Highland Way	12,90
27	John Muir Trail (USA)	10,90
28	Landmannalaugar (Island)	10,90
29	Kanada: West Coast Trail	9,90
32	Polen: Radtouren in Masuren	12,90
33	Trans-Alatau (GUS)	10,90
37	Kanada: Bowron Lakes	10,90
38	Polen: Kanutouren in Masuren	12,90
40	Trans-Korsika - GR 20	12,90
41	Norwegen: Hardangervidda	12,90
42	Nepal: Annapurna	10,90
43	Schottland: Whisky Trail	12,90
44	Tansania: Kilimanjaro	12,90
49	USA: Grand Canyon Trails	10,90
50	Kanada: Banff & Yoho NP	10,90
51	Tasmanien: Overland Track	10,90
52	Neuseeland: Fiordland	10,90
53	Irland: Shannon-Erne	10,90
54	Südafrika: Drakensberge	10,90
55	Spanien: Pyrenäenweg GR 11	10,90
56	Polen: Drawa-Kanutour	9,90
57	Kanada: Great Divide Trails	10,90
59	Kanada: Wood Buffalo NP (Kanu)	9,90
60	Kanada: Chilkoot Trail	10,90
61	Kanada: Rocky Mountains-Radtour	10,90
62	Irland: Kerry Way	10,90
63	Schweden: Dalsland-Kanal	12,90

64	England: Pennine Way	12,90
66	Alaska Highway	12,90
71	N-Spanien: Jakobsweg-Nebenrouten	12,90
74	Nordirland: Coastal Ulster Way	10,90
76	Pfälzerwald-Vogesen-Weg	10,90
78	Polen: Pisa-Narew (Kanuroute)	9,90
79	Bolivien: Choro Trail	10,90
80	Peru: Inka Trail u. Region Cusco	10,90
81	Chile: Torres del Paine	12,90
82	Norwegen: Jotunheimen	12,90
83	Neuseeland: Stewart Island	9,90
84	USA: Route 66	10,90
85	Finnland: Bärenrunde	9,90
87	Montblanc-Rundweg - TMB	9,90
88	Griechenland: Trans-Kreta	9,90
89	Schweden: Skåneleden	9,90
90	Mallorca: Serra de Tramuntana	9,90
91	Italien: Trans-Apennin	9,90
92	England: Themse-Ring	9,90
93	Spanien: Sierra Nevada	12,90
95	Norwegen: Nordkap-Route	12,90
96	Polen: Czarna Hancza/Biebrza-Kanu	9,90
98	Wales: Offa's Dyke Path	9,90
107	GR 5: Genfer See - Nizza	12,90
109	Mecklenburgische Seenplatte	9,90
112	Norwegen: Telemark-Kanal	9,90
113	Thüringen: Rennsteig	9,90
114	Alpen: Dreiländerweg (CH-A-I)	9,90
115	Tschechien: Freundschaftsweg	9,90
116	Spanien: Jakobsweg - Via de la Plata (2003)	12,90
117	Schweiz: Jakobsweg (2003)	9,90
118	Rund Australien	14,90
119	Schwäbische Alb: Hauptwanderweg	9,90
121	Italien: Dolomiten-Rundweg	9,90
122	Schwarzwald-Jura-Weg	9,90
127	Uganda: Ruwenzori-Wanderungen	12,90
128	Frankreich: Jakobsweg von Le Puy...	12,90

OutdoorHandbücher
Fernweh-Schmöker

Band		€
46	Blockhüttentagebuch	12,90
47	Floßfahrt nach Alaska	10,90
75	Auf nach Down Under	7,90
105	Südsee-Trauminsel (Tom Neale)	9,90
110	Huskygesang - Hundeschlittenfahrten	7,90
111	Liebe - Schnaps - Tod	7,90
123	Pacific Crest Trail	9,90
124	Zwei Greenhorns in Alaska	7,90
125	Auf dem Weg zu Jakob	9,90
126	Kilimanjaro-Lesebuch	7,90

ReiseHandbücher

	€
Äthiopien	22,90
Antarktis	24,90
Grönland	14,90
Iran	22,90
Kanarische Inseln	14,90
Kiel	9,90
Kiel von oben - Luftbildband	24,90
Kurs Nord	24,90
Libyen	22,90
Neuseeland-Handbuch	18,90
Phuket & Ko Samui	14,90
Reisen mit Hund	9,90
Rumänien	14,90
Schweiz	18,90
Sibirien	22,90
Slowakei	14,90
Spitzbergen-Handbuch	22,90
Tansania / Sansibar	19,90

Fremdsprech

Band		€
1	Oh, dieses Dänisch	4,90
2	Oh, dieses Schwedisch	4,90
3	Oh, dieses Spanisch	4,90
4	Oh, dieses Englisch	4,90
5	Oh, dieses Französisch	4,90
6	Oh, dieses Russisch (2003)	4,90

150402

☺ **Weitere Bände in Vorbereitung.
Fordern Sie unseren
aktuellen Verlagsprospekt an.**